No caminho com Jesus

Catecumenato Eucarístico

Dados Internacionais de Catalogação na Publicação (CIP)
(Câmara Brasileira do Livro, SP, Brasil)

No caminho com Jesus : catecumenato eucarístico : volume 3 : catequista / organização Ir. Angela Soldera, Pe. Rodrigo Favero Celeste. 1. ed. – Petrópolis, RJ : Vozes, 2023. (Coleção No Caminho com Jesus)

ISBN 978-65-5713-938-7

1. Catecumenato 2. Catequese – Igreja Católica 3. Cristianismo 4. Eucaristia (Liturgia) 5. Ritos de iniciação I. Soldera, Ir. Angela. II. Celeste, Pe. Rodrigo Favero. III. Série.

23-157080 CDD-268.82

Índices para catálogo sistemático:
1. Catecumenato : Iniciação cristã : Igreja Católica
268.82
Eliane de Freitas Leite – Bibliotecária – CRB 8/8415

Arquidiocese de Londrina

Ir. Angela Soldera
Pe. Rodrigo Favero Celeste
(Organizadores)

No caminho com Jesus

Catecumenato Eucarístico

Volume 3 – Catequista

Equipe de elaboradores

Aparecida Peixoto da Silva
Belmira Apparecida da Silva de Souza
Valéria Queiróz Pereira
Ir. Luciana de Almeida
Maria Nilza Rodrigues Mattos
Vitor Henrique dos Santos
Ir. Angela Soldera

Petrópolis

Rua Frei Luís, 100
25689-900 Petrópolis, RJ
www.vozes.com.br
Brasil

Editoração: Clauzemir Makximovitz
Diagramação: Victor Mauricio Bello
Revisão gráfica: Jhary Artiolli
Capa: Editora Vozes

ISBN 978-65-5713-938-7

Este livro foi composto e impresso pela Editora Vozes Ltda.

SUMÁRIO

2º TEMPO – CATECUMENATO

ANEXOS

APRESENTAÇÃO

Estamos caminhando com carinho, cuidado, seriedade e perseverança na efetivação do projeto catequético *No caminho com Jesus*, da Arquidiocese de Londrina. Ele é dirigido e organizado com a colaboração da Comissão de iniciação à vida cristã que é composta por catequistas e especialistas na área. A eles agradecemos o esforço e o carinho pela catequese.

Este volume – Catecumenato eucarístico – tem por objetivo preparar para celebrar o Sacramento da Eucaristia. A metodologia vem se firmando aos poucos com encontros fortemente fundamentados na Palavra de Deus e, a partir dela, é indicado o caminho de Jesus que transparece nas suas palavras, nos seus gestos e nas suas atitudes que devem ser destacados com precisão. Tudo isso precisa ser vivenciado na Liturgia, orientando o catequizando para a comunidade e a sua missão, concretização da Igreja de nosso Senhor Jesus Cristo.

Neste volume propomos 31 encontros preparados para "educar na fé" os novos discípulos e seguidores de Jesus, abordando temas como perseverança, amor ao próximo, compaixão, serviço, proposta do Reino de Deus, disposições do coração para acolher e frutificar a Palavra, partilha de dons e bens. Há vários encontros sobre a pessoa e a missão de Jesus, missionário do Pai, missão que continua na vida e na comunidade de fé, a Igreja: comunidade como lugar de vida e de perdão. Outros temas, tais como os mandamentos como deveres com Deus e com as pessoas, os sacramentos e o Espírito Santo como aquele que impulsiona a Igreja e todos aqueles que se dedicam a viver e anunciar o Reino de Deus estão, também, presentes neste volume. Enfim, apresentamos uma gama imensa de temas, reflexões, proposições e celebrações para formar discípulos profundos, autênticos e felizes no seu seguimento.

Que esta proposta de itinerário catequético possa contribuir em nossas comunidades eclesiais e contribua para o serviço do Reino de Deus.

Dom Geremias Steinmetz
Arcebispo Metropolitano de Londrina

LISTA DE ABREVIATURAS

AG – Decreto *Ad Gentes* sobre a atividade missionária da Igreja
CIgC – Catecismo da Igreja Católica
CNBB – Conferência Nacional dos Bispos do Brasil
Doc. 43 – Documento 43 da CNBB – Animação da vida litúrgica no Brasil
Doc. 105 – Documento 105 da CNBB – Cristãos leigos e leigas na igreja e na sociedade
Doc. 106 – Documento 106 da CNBB – O dízimo na comunidade de fé, orientações e propostas
DM – Carta encíclica *Dives in Misericordia* – sobre a misericórdia Divina
DAp – Documento de Aparecida
DGC – Diretório Geral para a Catequese
DP – Documento de Puebla
DV – Constituição dogmática *Dei Verbum* sobre a revelação divina
EN – Exortação apostólica *Evangelii Nuntiandi* – sobre a evangelização no mundo contemporâneo
EG – Exortação apostólica *Evangelii Gaudium* – sobre o anúncio do Evangelho no mundo atual
IGMR – Instrução Geral do Missal Romano
LG – Constituição Dogmática *Lumen Gentium* – sobre a Igreja
NMI – Carta Apostólica *Novo Millennio Ineunte* ao episcopado, ao clero e aos fiéis no termo do grande jubileu do ano 2000
PD – Carta *Placuit Deo* aos bispos da Igreja – sobre alguns aspectos da salvação cristã
PO – Decreto *Presbyterorum Ordinis* – sobre o ministério e a vida dos sacerdotes
RC – Exortação apostólica *Redemptoris Custos* – sobre a figura e a missão de São José na vida de Cristo e da Igreja
SCa – Exortação pós-sinodal *Sacramentum Caritatis* – sobre a Eucaristia, fonte e ápice da vida e da missão da Igreja

GLOSSÁRIO

Catecumenato: é um tempo prolongado durante o qual os candidatos recebem formação cristã e aprendem a moldar sua vida segundo os ensinamentos cristãos. Com esses auxílios, as disposições de espírito que se manifestaram ao início desse tempo atingem a maturidade.

Catecúmenos: são os que recebem instrução preliminar em doutrina e moral, no processo de preparação para o Batismo.

Catequizandos: são os já batizados e que continuam o processo para formação em vista de completar o processo do itinerário da vida cristã.

Cristã: chamados à vida pelo Pai, somos vocacionados, isto é, chamados à vida cristã. Pelos Sacramentos do Batismo e da Crisma, nosso Senhor Jesus Cristo nos concede a filiação divina e a oportunidade de sermos seus seguidores, para nos tornarmos anunciadores da boa-nova da Salvação. Somos impulsionados pela força do Espírito Santo, procedente do Pai e do Filho, que nos faz agir pela caridade generosa na Igreja, mãe e mestra. Cristã não é apenas um adjetivo, mas indica nossa essência filial.

Escrutínios: são orações e celebrações realizadas no caminho catecumenal. Têm a finalidade de aperfeiçoar o caminho da vida cristã, fortalecendo o coração dos eleitos, curar o que ainda está fraco e precisa mudar, e fortalecer e consolidar o que está bem. Estas celebrações acontecem normalmente no terceiro, quarto e quinto domingos da Quaresma.

Iniciação: uma realidade profundamente humana e necessária é a iniciação. Dificilmente alguém se "*autoinicia*", mas somos sempre conduzidos por outros para dentro de uma realidade desconhecida (*in-ire*).

Itinerário: palavra que indica caminho a ser percorrido ao longo de um processo bem determinado com início, meio e finalidade.

Mistagogia: é o tempo destinado a aprofundar mais o mistério pascal, procurando traduzi-lo cada vez mais na vida, pela meditação do Evangelho, pela participação na Eucaristia e pelo exercício da caridade. Este é o último tempo da iniciação, isto é, o tempo da "mistagogia" dos neófitos. Os neófitos foram renovados no seu espírito, saborearam as íntimas delícias da Palavra de Deus, entraram em comunhão com o Espírito Santo e descobriram como o Senhor é bom.

Neófito: o recém-batizado é chamado de neófito (planta nova), banhado em Cristo torna-se nova criatura.

Purificação e iluminação: o tempo da purificação e iluminação dos catecúmenos coincide, habitualmente, com a Quaresma. Tanto na liturgia como na catequese, pela recordação ou pela preparação do Batismo e pela Penitência, é um tempo de renovação na comunidade dos fiéis, juntamente aos catecúmenos, e que os dispõe para celebrar o mistério pascal, ao qual são associados pelos sacramentos da iniciação cristã.

É um tempo destinado a preparar de maneira mais intensiva o espírito e o coração dos candidatos. Neste degrau, é feita pela Igreja a "eleição" ou escolha e admissão daqueles catecúmenos que, pelas suas disposições, mostram-se em condições para, na próxima celebração, tomarem parte nos sacramentos da iniciação. Chama-se "eleição" porque a admissão feita pela Igreja se fundamenta na eleição de Deus, em nome de quem ela atua; chama-se "inscrição do nome" porque os candidatos escrevem o seu nome no livro dos "eleitos", como penhor de fidelidade.

Querigma: é o tempo em que se faz a primeira evangelização, no qual é anunciado, com firmeza e constância, o Deus vivo e aquele que Ele enviou para a salvação de todos, Jesus Cristo. O objetivo deste tempo é fazer com que os não cristãos, movidos pelo Espírito Santo, que lhes abre o coração, abracem a fé e se convertam ao Senhor, como também que façam sua adesão sincera àquele que – sendo o caminho, a verdade e a vida – é capaz de satisfazer todos os seus anseios espirituais e até de infinitamente os superar.

Rito: é um conjunto de ações simbólicas, de gestos, normalmente de caráter repetitivo. O rito é como uma ação simbólica (ou um conjunto de ações simbólicas) repetida com regularidade.

Vida: somos conduzidos do nada à existência pela benevolência criadora de nosso Pai que está nos céus. Nossa primeira vocação é a vida, de ser pessoa humana integral: corpo, alma e espírito.

O ITINERÁRIO

A Iniciação à Vida Cristã de inspiração catecumenal, conforme nos pede a Igreja, é um processo, um itinerário de transmissão da fé. Sob a inspiração do Ritual de Iniciação Cristã de Adultos (RICA), é possível propor um itinerário que avance por etapas e tempos sucessivos, garantindo que a iniciação de adultos, jovens e crianças se processe gradativamente na comunidade (Doc 107, n. 139). Esse itinerário deverá ser mistagógico, favorecendo a experiência do encontro pessoal com Jesus Cristo, sendo capaz de, aos poucos, transformá-los em discípulos e discípulas missionários em vista do Reino de Deus.

O grande desafio que se apresenta para a formação cristã e a finalidade da catequese de Iniciação à Vida Cristã é:

> oferecer uma catequese que leve o catequizando a conhecer, acolher, celebrar e vivenciar o mistério de Deus, manifestado na pessoa de Jesus, que nos revela o Pai, nos envia o Espírito Santo e nos faz participar de sua missão (cf. DGC, n. 80-81).

Para responder aos desafios da evangelização, principalmente na transmissão da fé cristã, é fundamental ter um projeto diocesano de Iniciação à Vida Cristã (cf. Doc 107, n. 138).

Nessa perspectiva, a concretização deste itinerário tem como objetivo favorecer o caminho pedagógico e mistagógico no processo de educação na fé, a partir da experiência realizada na Arquidiocese de Londrina. Assim, a proposta que apresentamos segue os quatro tempos: pré-catecumenato, catecumenato, purificação e iluminação, e mistagogia, a serem desenvolvidos ao longo de quatro anos, no mínimo. Nessa proposta, o início do ano catequético ocorre no mês de agosto, seguindo até a primeira quinzena de julho do ano seguinte. Isso possibilitará que se vivencie, com maior intensidade, os tempos fortes do Ano Litúrgico (Advento e Natal – Quaresma e Páscoa).

O catecumenato nos legou um vocabulário e uma herança que, na Iniciação à Vida Cristã, refere-se aos tempos indispensáveis para que aconteça uma verdadeira introdução ao mistério de Cristo. Esses tempos recebem as seguintes denominações:

1. **Pré-catecumenato ou querigma**, cujo objetivo consiste no primeiro anúncio e no despertar da fé: é o tempo da evangelização, e toda a comunidade deve se comprometer nesse tempo.
2. **O catecumenato** ocorre quando a comunidade, por meio dos catequistas e introdutores, propõe o aprofundamento do primeiro anúncio com os conteúdos do Creio e da Sagrada Escritura, via leitura orante da Bíblia. É o tempo da catequese.
3. **Purificação e iluminação** no tempo da Quaresma, como um grande retiro de preparação para a celebração dos sacramentos: na Vigília Pascal.

4. **A mistagogia** acontece no Tempo Pascal e após a celebração dos sacramentos, para adentrar com mais profundidade o mistério sacramental, a finalidade de todo o caminho realizado é o envio em Pentecostes para o tempo do serviço e da missão.

Aprofundando os últimos documentos da Igreja com relação à Iniciação à Vida Cristã com inspiração catecumenal, deparamo-nos com a urgência de retomar a unidade dos sacramentos da iniciação cristã. Essa unidade

> se desenvolve dentro do dinamismo trinitário: os três sacramentos da Iniciação, numa unidade indissolúvel, expressam a unidade da obra trinitária na iniciação cristã: no Batismo assumimos a condição de filhos do Pai, a Crisma nos unge com unção do Espírito e a Eucaristia nos alimenta com o próprio Cristo, o Filho (Doc 107, n. 91).

Por isso, a proposta desse itinerário se realiza a partir da ordem original dos sacramentos Batismo – Crisma – Eucaristia, como culminância do processo, conforme já advertia Bento XVI sobre o desafio que implica conduzir melhor os fiéis, colocando a Eucaristia como centro sacramental para o qual se conduz todo o percurso da iniciação (SCa, n. 18).

O fundamental dessa opção é levar a pessoa a um contato vivo e pessoal com Jesus Cristo, fazendo-a mergulhar (= Batismo) nas riquezas do Evangelho, assumindo a leitura orante da Bíblia, e iniciá-la, verdadeira e eficazmente, na vida da comunidade cristã, fazendo-a experimentar o bem de participar da vida divina concedido pelos sacramentos da iniciação cristã: Batismo – Crisma – Eucaristia. Esse processo considera que "Para participar do mistério de Cristo Jesus é preciso passar por uma experiência impactante de transformação pessoal e deixar-se envolver pela ação do Espírito" (Estudos da CNBB 97, n. 41).

Iniciação à Vida Cristã de inspiração catecumenal: desde a instituição da Igreja no mundo, Jesus nunca deixou de estar conosco na tarefa de proclamar o Evangelho a todas as nações, como Ele mesmo garantiu (Mt 28,20). O "envio" (= apóstolo) é o cerne do chamado do Filho de Deus a nós e, para tal, não existe fé isolada nem cristão egoísta. A fé deve ser doada na missão, a vida é missionária. Desde os primórdios de nossa fé, a maior incumbência dos discípulos de Cristo é despertar outros e iniciá-los na vida cristã. Assim, nos primeiros séculos, é desenvolvido o catecumenato do qual, em nosso tempo, queremos recuperar a metodologia.

Na verdade, a finalidade desse processo de inspiração catecumenal não está assentada em uma simples preparação para receber os sacramentos, mas sim numa consistente iniciação em que os interlocutores devem receber um tratamento de verdadeiros discípulos. Esses deverão se tornar outros "mestres", ou seja, guiados que serão também guias, testemunhas da fé. O sacramento é a consequência de uma fé assumida.

Todo esse processo é experimentado por meio de ritos e celebrações que marcam a passagem das etapas e dos tempos. Nesse sentido, o Ano Litúrgico, desenvolvido a partir do catecumenato, é instrumento fundamental e um caminho pedagógico e mistagógico capaz de fazer o iniciante celebrar a fé que está conhecendo, estabelecendo relacionamento íntimo com a Trindade Santa que, aos poucos, revela-se em sua história, doando-lhe a vida nova da Graça. Liturgia e catequese devem caminhar unidas na vida da comunidade, pois as duas têm a mesma base: a fé.

O processo de Iniciação à Vida Cristã não pode renunciar à sua tarefa de levar os seus interlocutores a uma participação intensa na dimensão mística, celebrativa, mediada pela catequese e pela comunidade. Sem uma catequese e uma comunidade viva e acolhedora, a educação da fé se tornará frágil.

Ademais, que este material sirva para levar à frente os objetivos e a meta a que se propõe: formar discípulos e discípulas de Jesus, cristãos autênticos e comprometidos com o anúncio de Jesus e do seu Evangelho.

METAS A SEREM ALCANÇADAS AO LONGO DO ITINERÁRIO COM INSPIRAÇÃO CATECUMENAL

Primeira meta

A primeira meta que buscamos alcançar é a de conhecer quem é Jesus. É anunciar o querigma, o primeiro anúncio. Ligado às celebrações litúrgicas, o catequista deverá ajudar o catequizando, apresentando a pessoa de Jesus, sua infância e os acontecimentos primeiros que manifestam quem Ele é, seu projeto de vida e sua missão. Mostrar que somos pessoas queridas e amadas por Deus. A grande pergunta a ser respondida neste percurso é: quem é Jesus? A resposta deverá levar os catequizandos a compreenderem que somos chamados por Ele para formarmos o grupo dos amigos de Jesus, permanecer com Ele e querer conhecê-lo mais.

Segunda meta

Nesta segunda meta, propomo-nos a prosseguir aprofundando sobre quem é Jesus, destacando, de modo especial, seus gestos, sinais e atitudes em favor da vida para todos, especialmente os menos favorecidos. O catequista ajudará o catequizando a se dar conta de que, no caminho de Iniciação à Vida Cristã, os já nascidos para uma vida nova no Batismo serão agora fortificados pelo Sacramento da Confirmação, crescendo no fortalecimento da fé cristã. Neste tempo, procuramos também comprometer os pais, os padrinhos do Batismo e/ou os introdutores (acompanhantes) a juntos fazerem o caminho de Iniciação à Vida Cristã. Nesta meta serão intensificados os momentos celebrativos, as bênçãos e os escrutínios próprios para este tempo de purificação e iluminação como preparação próxima ao Sacramento da Crisma.

Batismo dos catecúmenos: propõe-se que o Batismo dos catecúmenos (não batizados) se realize na Vigília Pascal do segundo ano de catequese crismal, para depois, com o grupo, celebrar o Sacramento da Crisma. Caso isso não seja possível, é recomendável que o Batismo se realize após a entrega do Símbolo dos Apóstolos (Creio), antes do Natal.

Terceira meta

A continuidade do itinerário de Iniciação à Vida Cristã com inspiração catecumenal irá oferecer aos já batizados e confirmados um caminho de busca do discipulado e do ponto alto da iniciação cristã, a Eucaristia. Para isso a proposta consiste em favorecer aos catequizandos viver mistagogicamente a experiência comunitária, participando das celebrações do mistério pascal ao longo do Ano Litúrgico, de modo que possa sentir-se chamado a viver mais intensamente na intimidade com Jesus, buscando crescer nas atitudes cristãs, na família, na comunidade e na sociedade.

Quarta meta

A Eucaristia é a consumação da iniciação cristã, pois o batizado, incorporado à comunidade eclesial, reproduz o único sacrifício, que é o seu. Nesta meta, prosseguimos no itinerário a que nos propusemos, agora com a força especial do Espírito para cumprir a missão profética no meio do mundo, para edificar em unidade a Igreja, Corpo de Cristo, e defender a verdade do Evangelho nas diversas situações da vida. Por isso, o catequizando batizado participa da Liturgia Eucarística e oferece a sua vida ao Pai associada ao sacrifício de Cristo. É o Cristo inteiro, cabeça e membros, que se oferece pela salvação da humanidade. A Eucaristia culmina a configuração a Cristo: a participação repetida de toda a comunidade no mistério pascal e a incorporação na Igreja, cada vez mais perfeita e total; buscará uma gradativa inserção na comunidade, nos diferentes serviços e ministérios, vivendo plenamente em comunhão de vida, na partilha, no serviço comunitário.

ORIENTAÇÕES PRÁTICAS NO DESENVOLVIMENTO DO PROCESSO DE INICIAÇÃO À VIDA CRISTÃ COM INSPIRAÇÃO CATECUMENAL

1. **Reinscrição:** é importante que, antes de concluir o primeiro ano, portanto, fim de junho ou início de julho, cada um(a) manifeste o desejo de continuar no caminho. Por isso, o catequista ou a coordenação da catequese faz a reinscrição de cada catequizando para dar continuidade no segundo ano, segunda etapa do catecumenato crismal.
2. **Início do ano catequético:** na primeira semana do mês de agosto, retoma-se o caminho dos encontros de catequese, dando continuidade ao catecumenato crismal, que seguirá até a primeira quinzena de dezembro.

3. **Organização dos grupos:** importante cuidar para que os grupos não tenham número superior a 12 participantes. Isso possibilita que o encontro catequético seja mais vivencial, orante e tenha uma relação mais próxima com cada catequizando.
4. **Visitas às famílias:** os catequistas poderão, ao longo do ano, continuar com as visitas às famílias, para maior conhecimento da realidade e estreitar laços. Essas visitas feitas na gratuidade, com conversas informais, fazem bem para o catequista e para a família.
5. **Encontros para formação:** é importante pensar uma programação para encontros destinados à formação com os pais em pequenos grupos, favorecendo uma experiência orante. Considerar que os encontros sejam com a leitura orante da Palavra de Deus e possam fortalecer o sentido de participação e envolvimento no processo catequético (podem ser trabalhados os próprios encontros de catequese propostos aos catequizandos).
6. **O Retorno do recesso:** acontecerá a partir da celebração da Quarta-Feira de Cinzas do ano seguinte. Aqui se dará início ao terceiro tempo, com a celebração da eleição no primeiro domingo da Quaresma e a preparação próxima ao Sacramento da Crisma. Neste terceiro tempo são realizados os escrutínios: no terceiro, quarto e quinto domingos da Quaresma.
7. **No Período Pascal:** será celebrado o Sacramento da Crisma e se viverá o quarto tempo, a mistagogia.

CATECUMENATO CRISMAL

2 ANOS

- ✓ **1º TEMPO:** Pré-catecumenato = Primeiro anúncio, querigma
- ✓ **2º TEMPO:** Catecumenato = Tempo mais longo de catequese
- ✓ **3º TEMPO:** Purificação e iluminação = Quaresma
- ✓ **4º TEMPO:** Mistagogia = Aprofundar o sacramento recebido
- ✓ **RECESSO** (Pausa)

1º ANO

AGOSTO	SETEMBRO	OUTUBRO	NOVEMBRO	DEZEMBRO	JANEIRO
Início do ano catequético				1ª Quinzena Recesso (2ª Quinzena)	Recesso
FEVEREIRO	**MARÇO**	**ABRIL**	**MAIO**	**JUNHO**	**JULHO**
Recesso Retorno: 4ª Feira de Cinzas					1ª Quinzena Recesso (2ª Quinzena)

2º ANO

AGOSTO	SETEMBRO	OUTUBRO	NOVEMBRO	DEZEMBRO	JANEIRO
Início do ano catequético				1ª Quinzena Recesso (2ª Quinzena)	Recesso
FEVEREIRO	**MARÇO**	**ABRIL**	**MAIO**	**JUNHO**	**JULHO**
Recesso Retorno: 4ª Feira de Cinzas				Sacramento da Crisma (Pentecostes)	1ª Quinzena Recesso (2ª Quinzena)

PARA O BOM ANDAMENTO DO ITINERÁRIO

1. É fundamental que o catequista se prepare com antecedência lendo e rezando o encontro, prevendo o material necessário, a simbologia proposta para cada encontro. É bom também ler as orientações e os passos propostos.
2. É importante que o catequista procure proporcionar um clima de acolhida, de amizade, em cada encontro; que promova e facilite o diálogo e a participação de todos, para que cada um se sinta incluído e responsável pelo caminho a ser feito.
3. Os encontros catequéticos acompanharão os tempos fortes do Ano Litúrgico, favorecendo que catequista e catequizando possam fazer gradativamente a experiência do mistério pascal vivido e celebrado ao longo de todo o Ano Litúrgico. Neste caminho, privilegiamos o método da leitura orante da Bíblia.
4. Cada catequizando deverá ter a sua Bíblia. Quando a família não tiver condições de comprar, a comunidade deverá encontrar um meio de adquiri-la, para não prejudicar o andamento dos encontros de catequese que terão a Palavra de Deus como mensagem e conteúdo fundamentais.
5. É muito importante que se mantenha um bom relacionamento com os pais e/ou responsáveis, por meio de encontros periódicos de oração e formação.
6. No processo, acontecerão celebrações que marcarão as diferentes etapas. Estas deverão ser preparadas e organizadas com antecedência, incluindo-as no calendário da paróquia, para melhor andamento e preparação das celebrações com as equipes de liturgia e com o pároco.
7. O catequista deverá primar pelo lugar do encontro: dispor as cadeiras de modo circular, quando possível ao redor de uma única mesa, colocando em destaque a Palavra de Deus, uma vela que será acesa no momento certo e a simbologia proposta para cada encontro.
8. A coordenação da catequese deverá ter um calendário dos encontros para formação de pais, catequistas, momentos de partilha, avaliação da caminhada feita entre os catequistas para enriquecimento pessoal e ajuda.

Nota: Para pré-adolescentes e adolescentes que procuram a catequese mais tarde, por exemplo, acima de 12 anos até os 15 pelo menos, e até com jovens, propomos fazer o mesmo processo, usando o mesmo material. Nesse caso, deve-se ter o cuidado de organizar grupos específicos para essa faixa etária, separados dos que têm de 9 a 11 anos. Os jovens seguirão os quatro tempos com a mesma metodologia da leitura orante, visto que a meta não é o sacramento, mas a iniciação de um caminho de conhecimento e seguimento de Jesus.

A CONVERSÃO

No processo de Iniciação à Vida Cristã de inspiração catecumenal, compreende-se como ponto fundamental a dimensão da conversão. No catecumenato histórico, essa dimensão era relevante e fundamental em todo o processo até a admissão aos sacramentos da iniciação, pois o Senhor Jesus afirma no Evangelho que veio anunciar a conversão e o perdão dos pecados (Mt 4,17), sendo esse o anúncio principal do Cristo para receber o Reino de Deus. Diz o Documento de Aparecida em seu número 278b, que a conversão "É uma resposta inicial de quem escutou o Senhor com admiração, crê nele pela ação do Espírito, decide ser seu amigo e ir após ele, mudando sua forma de pensar e de viver, aceitando a cruz de Cristo [...] ".

Nesse sentido, o retorno dos trabalhos da catequese após o recesso se dá na Quarta-Feira de Cinzas, quando as mesmas cinzas são impostas sobre nós pelo sacerdote repetindo as palavras do Evangelho: "Convertei-vos e crede no Evangelho" (Mc, 1,15). A conversão, o arrependimento dos pecados, traz junto o propósito de adotar uma nova vida, que estabelece como meta principal da existência, em primeiro lugar, Deus e sua Palavra custodiada pela Igreja.

Nessa fase do catecumenato crismal (volume 2), pedimos aos párocos, catequistas e introdutores que observem a caminhada dos catecúmenos e catequizandos. De acordo com sua idade, levem em consideração a maturidade que alcançaram até serem admitidos ao Sacramento da Crisma. Conversão é alcançar a maturidade na fé!

O questionamento sobre maturidade em crianças, adolescentes e jovens é pertinente: maturidade significa a capacidade de assimilar a proposta feita e assumi-la como projeto próprio de vida. Atenção: não significa analisar apenas se o catecúmeno/catequizando está indo à missa aos domingos – visto que por enquanto não são obrigados a tal. Pede-se, na verdade, que seja ponderado se está sendo dócil e receptivo ao anúncio do Evangelho e despertando, com a sua família, para o sentido do que significa encontrar a Jesus Cristo, ser Igreja, formar comunidade. Caso esses objetivos não tenham sido alcançados, aprecie-se a possibilidade de o catecúmeno/catequizando estender por mais um ano catequético sua experiência de aprofundamento. Se essa decisão precisar ser tomada, seja feita após um longo discernimento. Para tal, não deixe para analisar esses casos nas vésperas da recepção do sacramento. Contudo a decisão seja feita em diálogo com os familiares e com o catequizando ao longo do processo, desde o começo desse ano catequético.

A importância de levar em consideração a conversão concreta das atitudes para admissão aos sacramentos consiste em conceber o sacramento no fim do processo como dom e graça de uma caminhada assumida e iniciada, ao contrário da noção de recepção do sacramento como uma "formatura" ou mera formalidade. É de vital importância compreender que a Igreja não existe no mundo para "distribuir" sacramentos, mas iniciar e formar discípulos missionários (Mt 28,19).

O INTRODUTOR

O ministério do introdutor, na Iniciação à Vida Cristã, é um ministério de acolhida e de acompanhamento. Uma das bases bíblicas para compreendê-lo é o encontro de Filipe com o eunuco, nos Atos dos Apóstolos 8,26-40.

A grande incumbência do introdutor é promover o primeiro anúncio, apresentar ao catecúmeno/catequizando a pessoa de nosso Senhor Jesus Cristo e sua entrega para nossa salvação por amor a nós. A ação do introdutor, nos primeiros séculos do cristianismo, era restrita a um período de três ou quatro meses, porque depois iniciaria a catequese propriamente dita, entrando em cena o ministro catequista, que teria de aprofundar o primeiro anúncio, por meio da Bíblia. Nessa proposta, o introdutor, membro da comunidade, é escolhido para acompanhar o catecúmeno/catequizando durante todo o processo da iniciação. Esse serviço é um acompanhamento personalizado.

A responsabilidade da promoção e organização dos ministros introdutores cabe estritamente ao pároco e ao Conselho de Pastoral Paroquial (CPP)/Conselho de Pastoral Comunitário (CPC). O introdutor não é o catequista! Assim, o catequista deve sempre averiguar, junto aos catecúmenos/catequizandos, se os introdutores estão cumprindo sua missão, informando ao pároco de possíveis dificuldades que possam ocorrer.

Jesus Mestre é a razão de ser do caminho de iniciação à vida cristã, modelo de catequista e de introdutor. Seus gestos, suas palavras e a sua vida são inspiradores da nossa ação pastoral. Com Ele, aprendemos a evangelizar e catequizar para torná-lo conhecido e amado.

LEITURA ORANTE DA BÍBLIA

O método da *lectio divina* ou leitura orante da Bíblia consiste, essencialmente, em rezar a Palavra, em aproximar-se da Palavra de modo "sapiencial" e em buscar, na Palavra, o Cristo.

Foi Orígenes, teólogo do século III, quem cunhou o nome *lectio divina*. Nos séculos IV e V, foi a maneira predominante de ler a Bíblia e prevaleceu no tempo de São Bento (séc. V e VI). Todavia, por volta do ano 1150, com o monge Guido II, é que encontramos uma estruturação da *lectio divina*. Todas as ordens religiosas que surgiram no século XIII utilizaram o método da *lectio divina*, levando ao povo o método orante da Bíblia.

O Concílio Vaticano II, ao insistir na Palavra de Deus como base de toda a espiritualidade cristã, insistiu também na *lectio divina* como método de oração. A característica própria desse método é a ligação da fé com a vida.

A leitura orante requer que a mente e o coração estejam iluminados pelo Espírito Santo, ou seja, pelo próprio inspirador das Escrituras. Pôr-se, portanto, em atitude de religiosa escuta. Ela exige um ambiente exterior e interior aberto, preparado e disposto a seguir os passos propostos. Por isso, é fundamental esta preparação: invocação ao Espírito Santo, silêncio interior e exterior.

Fazer a leitura orante é como subir uma escada com quatro degraus ou dar quatro passos que nos levam ao encontro com Jesus, o Mestre, que nos ensina como viver segundo a experiência: um exercício, uma prática, uma relação pessoal, viva empolgante com Deus e com a realidade. Não é apenas uma técnica, um método teórico, mas é um caminho de transformação. É para dilatar o coração, abrir os olhos, estender as mãos, impulsionar os pés para a evangelização. É mudar o coração, a vida, a sociedade.

É a oração que leva à ação, ao irmão, à missão, à compaixão. É a oração, a escola da Palavra de Deus para o reencantamento dos discípulos, dos profetas, dos evangelizadores. É fonte de ardor apostólico. A leitura orante deve ser considerada um exercício e, como todo e qualquer exercício, só se aperfeiçoa praticando. Se não há prática contínua, não existe aperfeiçoamento.

A prática da leitura orante também nos ajuda a evitar que façamos uma leitura fundamentalista da Bíblia na qual não conseguimos enxergar a beleza, a sabedoria da Sagrada Escritura, e acaba nos desviando das exigências de que a caminhada em comunidade necessita. Quando se faz a leitura orante, o objetivo não é interpelar a Bíblia, mas interpretar a vida. Não é para aumentar o conhecimento bíblico, mas sim o contato com Deus, é celebrar a Palavra viva de Deus que fala a todos. A finalidade da *lectio divina* não é falar com Deus, mas, por meio da Palavra, ouvir Deus, que fala. O bom êxito de uma leitura orante exige cuidados que devem ser sempre levados em consideração. Alguns são de origem espiritual; outros, de ordem psicológica ou mesmo se constituem em pormenores que podem ajudar a oração.

A leitura deve ser feita em um ambiente e com um espírito silencioso, com calma e quantas vezes forem necessárias, até que a Palavra atinja e penetre o coração, favorecendo, assim, a familiaridade com o texto que está sendo lido. Prestar atenção a lugares e personagens é importante. Deve-se, enfim, tentar "visualizar" o que se está lendo.

Passos da leitura orante

1. **Acolhida, oração:** acolhida e breve partilha das expectativas. Oração inicial, invocando a luz do Espírito Santo.
2. **Leitura do texto:** leitura lenta e atenta, seguida por um momento de silêncio, deixando a Palavra falar.
3. **O sentido do texto:** *o que o texto diz em si mesmo?* Partilhar impressões e dúvidas, com o grupo sobre o teor do texto. Se necessário, ler novamente e buscar mais esclarecimento.
4. **O sentido para nós:** *o que a Palavra diz para mim, para nós?* Refletir profundamente sobre o texto e descobrir seu sentido atual. Aplicar o significado do texto à situação em que vivemos. Alargar o sentido, ligando-o com outros textos da Bíblia. Situar o texto no plano de Deus que se realiza na história.
5. **Rezar o texto:** *o que o texto me leva a dizer a Deus?* Ler de novo o texto com toda atenção. Momento de silêncio para preparar a resposta a Deus. Rezar o texto, partilhando as luzes e forças recebidas.
6. **Contemplar, comprometer-se:** *o que a Palavra me pede como compromisso?* Expressar o compromisso que a leitura orante nos leva a assumir. Resumir tudo numa frase para refletir durante o dia.
7. **Um salmo:** escolher um salmo que expresse tudo o que foi vivido no encontro. Rezar o salmo para encerrar o encontro.

1º TEMPO

PRÉ-CATECUMENATO

1º ENCONTRO

O CAMINHO DE FÉ EXIGE PERSEVERANÇA

Sentido do encontro

O caminho da fé não é fácil. Jesus ensinava na sinagoga de Cafarnaum, dialogando com os judeus e os discípulos. Para muitos, sua proposta é difícil. Suas palavras desafiavam quem o ouvia, despertando dúvidas sobre quem Ele era e sobre o projeto de vida que apresentava.

Objetivo

Compreender a importância da perseverança no caminho proposto pelo Evangelho para alcançar a vida eterna.

Ambientação

Cadeiras dispostas em círculo, mesa coberta com tecido da cor do tempo litúrgico, vela, Bíblia, e flores.

Acolhida

Acolher com carinho e alegria os catequizandos.

1. OLHANDO PARA A VIDA

Pedir que cada um se apresente e partilhe algo que foi importante no caminho da Iniciação à Vida Cristã que já percorreu.

2. ORAÇÃO INICIAL

Acende-se a vela...

Convidar os catequizandos a fazerem o sinal da cruz e dizerem juntos a oração:

Ó Deus, em vossas mãos colocamos nossa vida, nosso encontro de catequese. Nós vos agradecemos por tudo o que acontece em nossa vida e estamos dispostos a cumprir a vossa vontade. Nós nos colocamos em vossas mãos, com confiança, porque vós sois nosso Pai. Amém.

Canto: *Só tu tens palavras de vida eterna* ou outro à escolha.

3. ESCUTANDO A PALAVRA

Motivar o grupo para um momento de silêncio, preparando-se para ouvir a Palavra que será proclamada.

Convidar um catequizando para proclamar o Evangelho segundo São João 6,59-69.

Após a proclamação, pedir que cada catequizando leia e releia o texto em silêncio.

Convidar o grupo para recontar o texto proclamado com suas próprias palavras.

Fazer uma breve reflexão sobre o texto, explicando aos catequizandos as principais ideias. Deixar que eles interrompam e possam esclarecer dúvidas ou expressar seus sentimentos com relação ao texto.

Orientar os catequizandos a pensarem sobre as questões apresentadas e responderem em seus livros.

a) O que Jesus disse?
b) O que Pedro disse a Jesus?
c) Qual frase do texto mais chamou a sua atenção?

Compreendendo a Palavra

A proposta da centralidade da salvação em Jesus torna-se conflitante com os conteúdos e rituais que os judeus haviam recebido de Moisés e dos profetas. Jesus, com sua pregação, provoca uma crise em seus ouvintes ao mencionar que, se é difícil aceitar a sua procedência da parte do Pai, pior será testemunhar sua ascensão, que provará sua verdadeira origem. Se os seguidores não reconhecem a presença salvadora de Deus em Jesus, está interrompida a comunhão com Deus e a participação na nova Aliança. Mesmo quando Jesus afirma que é o Espírito que dá vida, e não a carne, a incredulidade permanece, a ponto de rejeitarem sua mensagem, virando as costas para Ele. A incredulidade na natureza divina de Jesus como mediador do Pai proporcionou consequências graves na dimensão histórica e real. É um momento de crise no discipulado de Jesus, e aos que permaneceram a seu lado, seus amigos mais íntimos, representados pelos doze, Jesus lança um desafio que exige uma opção de fé: "Vós também quereis ir embora?" (Jo 6,67). Pedro toma a palavra em nome do grupo que decidiu continuar no seguimento de Jesus e responde: "A quem iremos, Senhor? Tu tens palavra de vida eterna" (Jo 6,68). Eles aceitaram Jesus, o Filho do Homem, que veio da parte do Pai, como alimento que dá a vida eterna. Finalmente, quando Pedro proclama a confissão de fé "Tu és o Santo de Deus" (Jo 6,69), dá a entender que os discípulos compreendem a dimen-

são divina, salvadora e sacerdotal de Jesus. O texto bíblico proposto convida à perseverança. Na Bíblia, perseverar é muito mais do que suportar dificuldades, é um ato que envolve nossa mente e coração. As dificuldades se transformam em glória, pois confiamos em Jesus Cristo como o mediador do Pai e Salvador. O crente busca suportar e enfrentar o problema com coragem, determinação e paciência, e o que motiva o cristão a perseverar é o amor.

Para aprofundar e refletir

No discurso de Jesus narrado por João, temos bem claro o seu ensinamento, quando menciona que é o Espírito que vivifica, e não a carne. O Documento de Aparecida vem ressaltar que

> A Igreja, enquanto marcada e selada com o "Espírito Santo e o Fogo" (Mt 3,11), continua a obra do Messias, abrindo para o crente as portas da Salvação (cf. 1Cor 6,11). Paulo o afirma deste modo: "São vocês uma carta de Cristo redigida por nosso ministério e escrita não com tinta, mas com o Espírito do Deus vivo" (2Cor 3,3). O mesmo e único Espírito guia e fortalece a Igreja no anúncio da Palavra, na celebração da fé e no serviço da caridade (cf. Ef 4,15-16). "[...] a força do Espírito Santo enviado do céu" (1Pd 1,12) "continua a missão que Jesus Cristo recebeu de seu Pai" (cf. Jo 20,21) (DAp, n. 151).

A fé em Jesus Cristo como Filho de Deus Pai é a porta de entrada para a vida. Assim como os discípulos de Jesus, mais precisamente como Pedro, confessamos nossa fé fazendo eco às suas palavras: "Tuas palavras são vida eterna" (Jo 6,68). "Tu és o Messias, o Filho do Deus vivo" (Mt 16,16).

O Evangelista Lucas enfatiza que aqueles que, tendo ouvido com o coração bom e generoso a Palavra de Deus, a retêm, dão fruto na perseverança (cf. Lc 8,15). Para ajudar no entendimento, o Catecismo da Igreja Católica, ao abordar sobre os filhos da santa Igreja, sublinha que eles esperam alcançar a graça da perseverança final e a recompensa de Deus mediante suas boas obras, em comunhão com Jesus Cristo (cf. CIgC, n. 2016), compreendendo que a perseverança é o caminho que nos conduz a Deus.

Ler e meditar:

✓ Os números 162 e 2728 do Catecismo da Igreja Católica.
✓ Os textos bíblicos: Efésios 1,4-5; Romanos 5,3-5; 2Coríntios 4,16-18 e Tiago 1,4.

4. MEDITANDO A PALAVRA

Orientar os catequizandos a lerem as perguntas propostas, meditarem sobre elas e anotarem o que considerarem mais expressivo no livro, para recorrerem sempre que necessário.

- ✓ Qual a mensagem de Jesus para nós?
- ✓ O que sua Palavra nos pede, e em que ela nos desafia?
- ✓ Nós somos perseverantes em nossos compromissos ou mudamos de ideia e de atitude com facilidade?
- ✓ Na Palavra de Deus, escutamos: "Só tu tens Palavras vida". No meio de tantas vozes, tantas palavras, qual é a palavra que ouvimos e à qual estamos atentos? E o que ela nos faz sentir, pensar, imaginar?

5. REZANDO COM A PALAVRA

Orientar a pensar: que oração surge em nossa mente e em nosso coração, a partir do texto meditado e partilhado?

Motivar os catequizandos a fazerem uma oração pessoal a Deus, pedindo perseverança para trilhar o caminho do Senhor, e a escrevam em seus livros. Depois de um tempo de silêncio, incentivar a partilha das orações com o grupo.

Para encerrar este momento orante, motivar o grupo a rezar juntos o Salmo 24 em dois coros, ou cada catequizando rezando um versículo.

Concluir rezando, todos juntos, de mãos dadas, a oração do Pai-nosso.

6. VIVENDO A PALAVRA

Motivar os catequizandos a partir da Palavra que ouviram e sobre a qual refletiram, assumirem juntos um compromisso que será vivido durante a semana.

Para concluir o encontro, abençoar o grupo e despedir-se alegremente.

Bênção final:

O Senhor te abençoe e te guarde. ***Amém.***

O Senhor te mostre seu rosto brilhante. ***Amém.***

O Senhor tenha piedade de nós. ***Amém.***

O Senhor mostre seu rosto e te dê a paz. ***Amém.***

2º ENCONTRO

AMAR A DEUS E AO PRÓXIMO

Sentido do encontro

Amar a Deus e ao próximo é o grande mandamento do Senhor. Na parábola do Bom Samaritano, Lucas quer mostrar à comunidade e às lideranças como devem viver e agir de acordo com a vontade de Deus. Respondendo à provocação por um doutor da lei, isto é, um especialista em leis, Jesus nos faz refletir sobre o amor e a solidariedade.

Objetivo

Compreender quem é o nosso próximo, aquele a quem devemos ajudar qualquer que seja sua religião, sua origem ou sua classe social.

Ambientação

Criar um espaço aconchegante e orante. Se possível, usar um tecido da cor do tempo litúrgico, vela, Bíblia, flores e um recipiente com óleo perfumado.

Acolhida

Acolher os catequizandos demonstrando alegria por revê-los no encontro.

1. OLHANDO PARA A VIDA

Incentivar os catequizandos a, numa conversa, partilhar com o grupo como cada um vivenciou o compromisso assumido no encontro anterior.

Para envolver os catequizandos na reflexão do tema do encontro, motive o grupo com algumas questões, incentivando todos a se manifestarem.

- ✓ O que é amar a Deus e ao próximo?
- ✓ Como se faz para amar a Deus e aos irmãos?

2. ORAÇÃO INICIAL

Acende-se a vela...

Convidar o grupo para fazer o sinal da cruz e para rezarem juntos uma parte da Oração Eucarística para missas com crianças.

> *Ó Pai, vós sois bom: amais a todos nós e fazeis por nós coisas maravilhosas. Vós sempre pensais em todos e quereis ficar perto de nós. Mandastes o vosso Filho querido para viver no meio de nós. Jesus veio para nos salvar: curou os doentes, perdoou os pecadores. Mostrou a todos o vosso amor, ó Pai, acolheu e abençoou as crianças. Bendito o que vem em nome do Senhor. Hosana nas alturas! (Oração Eucarística com Crianças I).*

3. ESCUTANDO A PALAVRA

Convidar o grupo para juntos cantarem a aclamação ao Evangelho. Escolher um canto que seja bem conhecido pelos catequizandos.

Pedir que se coloquem todos em pé e convidar um catequizando para proclamar o Evangelho segundo São Lucas 10,25-37.

Em seguida, pedir que cada um releia o texto em silêncio. Conduzir uma reflexão sobre o texto proclamado, respondendo e esclarecendo dúvidas que o grupo apresentar.

Pedir aos catequizandos que anotem no livro suas respostas às questões propostas.

a) Qual versículo mais chamou sua atenção?
b) Quem são os personagens do texto? Onde aconteceu a cena?
c) Que atitude cada personagem assume?

Compreendendo a Palavra

"Os dois mandamentos não são somente síntese, mas também alma de todos os outros: Somente o amor dá sentido à lei e a justifica" (BÍBLIA, 2006, p. 2142).

Jesus confirma a resposta do doutor da lei e conclui dizendo: "Faze isso e viverás" (Lc 10,28), deixando claro que o objetivo e o sentido da lei divina estão na prática do amor, da justiça e da solidariedade. Na continuação do diálogo com Jesus, o doutor da lei insiste e, querendo justificar-se, provoca Jesus mais uma vez com outra pergunta: "Quem é meu próximo?" (Lc 10,30), ao que Ele responde contando uma história, cujo cenário descrito está no caminho entre Jerusalém e Jericó. Um homem não identificado, viajando por esse caminho, veio a ser interceptado por bandidos que, depois de o roubarem, ainda o deixaram gravemente ferido. Jesus disse que um sacerdote e um levita estavam descendo de Jerusalém para Jericó, o que indica que possivelmente voltavam do Templo de adoração dos judeus que ficava em Jerusalém, e prosseguiram seu caminho sem prestar socorro ao homem ferido. Esperava-se deles uma atitude misericordiosa para com o caído, visto que eram conhecedores e praticantes da Palavra de Deus.

No versículo 33, a parábola toma um caminho inesperado quando Jesus inclui um terceiro personagem: um samaritano cumpridor do mandamento do amor. Os samaritanos e os judeus eram inimigos antigos devido a questões de etnia e religião. A escolha de Jesus por um samaritano nos ensina, portanto, que o mandamento do amor ultrapassa quaisquer barreiras. Lucas narra detalhadamente a ação misericordiosa e solidária do samaritano: "Cuidou e limpou as feridas do homem ferido, com azeite e vinho, colocou-o sobre a montaria, levou-o a uma hospedaria e também pagou todas as suas despesas" (Lc 10,34). Não há preconceito no coração do samaritano, ele transpôs todas as barreiras da lei, realizando atos de amor pregados por Jesus: "Amar a Deus e ao próximo como a si mesmo" (Mt, 22,39).

O doutor da lei escuta a parábola como repreensão, visto que não encontrava dificuldade em identificar-se com Deus, mas ter compaixão pelo próximo não era algo claro em seu coração. Jesus quer atitudes, e conclui dizendo "Vai e faze o mesmo" (Lc 22,37). É preciso praticar para aprender, pois o essencial na vida dos discípulos é viver a misericórdia para com as pessoas.

Para aprofundar e refletir

A carta encíclica *Dives in Misericordia* (A misericórdia divina), de João Paulo II, sublinha que a Igreja em sua missão é chamada a se conscientizar, testemunhar, viver e proclamar a misericórdia de Deus, na medida em que aproxima os homens das fontes misericordiosas do Salvador. Com efeito, somente com essa aproximação o nosso agir será realmente um ato de amor, uma vez que a misericórdia verdadeiramente cristã pode ser considerada a fonte mais profunda da justiça.

Ler e meditar:

- ✓ As páginas 5, 10, 63, 65, 68, 69 e 70 da carta encíclica de João Paulo II: *A misericórdia divina.*
- ✓ Catecismo da Igreja Católica números 1037 e 1846.

4. MEDITANDO A PALAVRA

Motivar os catequizandos a pensarem sobre a Palavra proclamada, a partir da reflexão feita, e a responderem às questões apresentadas, escrevendo suas respostas no livro.

- ✓ O que o texto diz a você?
- ✓ O que você aprendeu com essa passagem bíblica?
- ✓ Quem é, hoje, o seu próximo?
- ✓ Quando você e todos nós assumimos atitudes como as do sacerdote e do levita?

Lembrar de abrir espaço para uma partilha com o grupo das respostas de cada catequizando.

Se o tempo permitir, podem encenar o texto, para facilitar a compreensão.

5. REZANDO COM A PALAVRA

Orientar o grupo a depois de ter meditado a Palavra, transformar em oração o que cada um quer dizer a Deus.

Incentivar os catequizandos a fazerem preces espontâneas. A cada prece, todos pedem: *Senhor, ajudai-nos a viver o amor.*

Pedir que escrevam as preces em seus livros.

Convidar os catequizandos para um momento celebrativo, com essas palavras ou outras espontâneas: *Seguindo o exemplo do samaritano que se aproximou do homem para ajudá-lo tratando de seus machucados com azeite e vinho, iremos ungir as suas mãos para que elas sejam sempre meios para acolher e ajudar as pessoas que encontrarem.*

Após a motivação, com o recipiente de óleo nas mãos, pronunciar as seguintes palavras:

> *É o Senhor que faz crescer o pasto para o gado e as plantas que o homem cultiva, para da terra tirar o alimento: o vinho, que alegra o coração do homem; o azeite, que lhe faz brilhar o rosto, e o pão, que sustenta com seu vigor (Sl 104, 14-15).*

Em seguida, ungir as mãos de cada catequizando.

Concluindo este momento de oração, convidar os catequizandos a pedirem ao Senhor sua misericórdia rezando juntos o Salmo 25,6s.

6. VIVENDO A PALAVRA

Propor aos catequizandos que, em casa, junto à sua família, realizarem a leitura da Palavra de Deus que foi proclamada neste encontro e a partilha do que ela nos ensina.

Pedir que conversem sobre o que a família pode fazer para ajudar seu próximo em suas necessidades mais urgentes.

Encerrar o encontro rezando juntos o *Glória ao Pai* e concluir com o abraço da paz.

3º ENCONTRO

JESUS VIU UMA GRANDE MULTIDÃO E TEVE COMPAIXÃO

Sentido do encontro

Jesus sempre demonstrou compaixão pelas pessoas necessitadas. São Mateus, ao narrar a primeira multiplicação dos pães, aponta para a partilha, outra característica de Jesus e das comunidades cristãs. Ao saber da morte de João Batista, Jesus vai para o deserto, e a multidão o segue, mesmo sem compreender quem Ele era. Ao ver a multidão, Jesus sente "profunda compaixão".

Objetivo

Reconhecer a importância de sentir compaixão, ser fraterno e generoso com aqueles que precisam de auxílio.

Ambientação

Espaço organizado em círculo, com um pequeno tecido da cor litúrgica, uma vela, a Bíblia, em destaque e, ao lado, um cesto com cinco pães.

Acolhida

Receber com afeto os catequizandos, fazendo com que se sintam acolhidos com alegria.

1. OLHANDO PARA A VIDA

Perguntar ao grupo sobre os acontecimentos da semana e motivar todos a se manifestarem sobre a vivência do compromisso assumido no encontro anterior. Que ideias surgiram para ajudar o próximo?

2. ORAÇÃO INICIAL

Acende-se a vela...

Para iniciar este momento de oração, pedir que todos façam o sinal da cruz e, em silêncio, rezem para que Deus ilumine cada um e este encontro.

Poderá solicitar que juntos entoem um canto ao Espírito Santo, invocando sua luz e força.

3. ESCUTANDO A PALAVRA

Pedir que todos se coloquem em pé para ouvir com atenção a Palavra, e convidar um catequizando para proclamar o Evangelho segundo São Mateus 14,14-21.

Depois de ouvirem a proclamação da Palavra, pedir que cada um, em silêncio, releia o texto indicado.

Em seguida, ajudar os catequizandos a contarem, com suas palavras, o fato narrado por São Mateus.

Fazer uma reflexão breve sobre o texto bíblico, para ajudar os catequizandos a compreenderem a Palavra proclamada.

Incentive-os a realizar uma partilha das ideias que surgirem como respostas às questões propostas. Depois, oriente que cada catequizando escreva, em seu livro, as respostas.

- a) O que Jesus sentiu pela multidão? O que Ele fez?
- b) Onde Jesus mandou o povo se sentar?
- c) Quantos cestos de pães e peixes sobraram?
- d) Quantas pessoas comeram?
- e) Qual frase mais chamou sua atenção?

Compreendendo a Palavra

Os discípulos vão até Jesus e pedem que despeça a multidão e mande voltarem para a cidade. Porém, Jesus leva os discípulos a refletirem sobre o que dispõem: "Dai-lhes vós mesmos de comer" (Mt 14, 16). Essa proposta significa produzir e partilhar para saciar a todos. O grande ensinamento desta parábola não é a multiplicação dos pães e dos peixes, mas ser solidário e partilhar com as pessoas que mais precisam, revestindo-nos com sentimentos de compaixão e bondade, garantindo dignidade aos mais necessitados.

Por isso, o Papa Bento XVI, no discurso de inauguração da Conferência de Aparecida, exorta os cristãos a terem opção preferencial pelos pobres. Essa atitude está implícita na fé cristológica no Deus que se fez pobre por nós, para nos enriquecer com sua pobreza (cf. DAp, n. 392). A opção pelos pobres se manifesta por um amor incondicional, como o amor do próprio Deus, ilumina nosso coração, ensina-nos a ver tudo à luz da verdade e de sua compaixão, uma vez que os pobres merecem atenção preferencial, seja quais forem as circunstâncias em que vivem.

Para aprofundar e refletir

Jesus nos ensina, com suas palavras e testemunhos, a celebrar o banquete da vida, dando pão a quem tem fome. "A solidariedade só tem sentido quando se manifesta, antes de mais nada, na distribuição dos bens e na remuneração do trabalho" (cf. CIgC, n. 1940).

Ler e meditar:

- ✓ Catecismo da Igreja Católica número 1942.
- ✓ *Evangelli Gaudium* número 53.

4. MEDITANDO A PALAVRA

Convidar os catequizandos a pensarem sobre o texto do Evangelho e responder às questões propostas, escrevendo cada uma delas no livro.

- ✓ Qual é a mensagem da Palavra de Jesus que você ouviu neste encontro?

Comentar com o grupo sobre o significado do pão como alimento necessário para a sobrevivência das pessoas. Explicar que essa necessidade diz respeito a diferentes aspectos: fome de comida, de emprego, de uma vida mais digna, de afeto, de diálogo.

Solicitar que pensem e respondam à questão:

- ✓ Como você vê isso no mundo de hoje?

Pedir que os catequizandos olhem para os cestos de pães que foram preparados e pensem sobre o que eles significam na vida das pessoas, refletindo:

- ✓ Como está vivendo a partilha na sua vida?

5. REZANDO COM A PALAVRA

Motivar os catequizandos para um momento de oração.

- ✓ O que você quer dizer a Deus neste momento?

Pedir que cada um escreva uma oração pessoal de agradecimento a Deus pelo pão de cada dia, ou de perdão pela pouca partilha e acúmulo de bens.

Convidar o grupo para que todos se coloquem em pé e pedir que um catequizando erga o cesto com os pães. Os outros estendem a mão em direção aos pães e, todos juntos, dizem a oração de bênção:

> *Senhor Jesus, ensina-nos a partilhar o pão de cada dia, assim como os discípulos aprenderam contigo. Abençoa este pão, que é o fruto da terra e do trabalho humano e torna-nos mais irmãos. Amém.*

Para concluir este momento orante, convidar os catequizandos para rezarem juntos a oração do Senhor, fazendo com bastante atenção o pedido: "*O pão nosso de cada dia nos dai hoje*".

6. VIVENDO A PALAVRA

Comentar com o grupo que o pão é um alimento básico, que representa o mínimo necessário para que as pessoas vivam com dignidade.

Explicar que o compromisso da semana será visitar uma família ou uma pessoa necessitada e ajudá-la de alguma forma.

- ✓ Anotar data e horário em que será celebrado o rito da entrega da cruz.
- ✓ Convidar seus pais para participarem desse momento importante em sua caminhada de fé!

4º ENCONTRO

NO REINO DE DEUS, O MAIOR É AQUELE QUE SERVE

Sentido do encontro

Continuando sua caminhada a Jerusalém, Jesus apresenta aos discípulos os valores do Reino, revelando que o projeto do Pai não passa por esquemas de competição, poder e domínio. O Evangelho de Mateus nos fala que a casa e o caminho são o lugar da vida e do aconchego para as diferentes situações que encontramos no seguimento de Jesus.

Objetivo

Compreender a importância do servir, como Jesus viveu e ensinou.

Ambientação

Tecido da cor litúrgica, cadeiras colocadas em círculo, vela, Bíblia, flores, crucifixo.

Acolhida

Acolher com alegria cada catequizando.

1. OLHANDO PARA A VIDA

Ajudar o grupo a recordar o que mais os marcou no encontro anterior.

Perguntar aos catequizandos como vivenciaram o compromisso assumido no encontro anterior.

2. ORAÇÃO INICIAL

Acende-se a vela...

Iniciar o encontro fazendo o sinal da cruz, recordando que estão reunidos em nome da Trindade Santa.

Convidar os catequizandos para, juntos, rezarem a oração da serenidade:

Concedei-nos, Senhor, a serenidade necessária para aceitar as coisas que não podem ser modificadas, coragem para modificar aquelas que podemos, e a sabedoria para distinguir umas das outras. Amém.

Sugere-se finalizar este momento orante o canto: *É como a chuva que lava* ou outro à escolha.

3. ESCUTANDO A PALAVRA

Convidar um catequizando para proclamar o Evangelho segundo São Marcos 9,30-37. Se for possível, propor aos catequizandos um canto de aclamação ao Evangelho.

Pedir que cada um releia o texto proclamado, em silêncio.

Conduzir uma reflexão sobre o texto proclamado e motivar os catequizandos a pensarem sobre as questões propostas e anotarem suas respostas.

a) Quais os personagens do texto?
b) Onde aconteceu o encontro narrado nessa passagem?
c) Em qual lugar Jesus ficou sozinho com os discípulos?
d) Qual versículo mais chamou a sua atenção?

Compreendendo a Palavra

A cena descrita por Marcos situa-se "em casa", com uma pergunta de Jesus a seus discípulos: "O que conversais pelo caminho?" (Mc 9,33). Por meio do texto, podemos perceber que Jesus provavelmente já sabia o conteúdo da discussão, contudo, esperou a oportunidade certa na tranquilidade da casa para um maior esclarecimento com relação à conversa.

No entanto nenhum de seus discípulos respondera, ficando em total silêncio diante do questionamento de seu mestre. Preocupado com a falta de compreensão dos discípulos, Jesus os instrui, mais uma vez, com uma parábola viva, desmascarando uma mentalidade competitiva acerca de quem é maior no Reino de Deus. Para exemplificar o ensinamento, Jesus chama uma criança para o meio do grupo. Naquele tempo, a criança com menos de doze anos não possuía função social, era símbolo dos fracos, pobres, humildes, e vivia em uma situação de inferioridade continuamente esmagada pela sociedade injusta. Porém, para Jesus, as crianças são dom e sinal de Deus no mundo. Com sua simplicidade e ternura, são apresentadas como modelo para acolher o Evangelho e entrar no Reino de Deus. O Senhor ensina o oposto do que a sociedade prega: na comunidade cristã, o maior é aquele que serve, que deixa todas as ambições, que é capaz de oferecer sua vida a favor de seus irmãos. O grande desafio para os discípulos era se desvincularem de uma sociedade onde existiam diferenças e grandezas, para se tornarem verdadeiros discípulos de Jesus.

Para aprofundar e refletir

O próprio Jesus, em sua caminhada, revela-se como o servo de Deus totalmente obediente à vontade do Pai (cf. CIgC, n. 539). Cristo, Rei e Senhor do universo, como servo de Deus Pai, doando sua vida em "resgate de muitos" (Mt 20,28), nos ensina que reinar é servir especialmente aos mais necessitados (cf. CIgC, n. 786).

Aqueles que são investidos de autoridade têm a missão de exercê-la colocando-se a serviço do outro. O Documento de Aparecida nos diz que, para que a fé cristã se enraíze profundamente no coração dos povos, são necessárias uma evangelização e uma disponibilidade ao diálogo cristão, a serviço de todos os homens (cf. DAp, n.13). Como discípulos de Jesus Cristo, iluminados pelo Espírito Santo, somos desafiados a nos colocarmos a serviço do Reino (cf. DAp, n. 33). A Igreja que celebra é "casa" de comunhão e partilha, onde os discípulos compartilham a mesma fé, esperança e amor ao serviço da missão evangelizadora (cf. DAp, n. 1528).

Ler e meditar:

✓ Catecismo da Igreja Católica número 2235.

✓ Documento de Aparecida números 106 e 111.

4. MEDITANDO A PALAVRA

Orientar o grupo a pensar mais uma vez sobre o texto proclamado. Para isso, podem apoiar a reflexão nas questões propostas em seus livros, anotando suas respostas.

Na sequência, incentive os catequizandos a partilharem com todo o grupo aquilo que anotaram.

✓ Qual apelo a Palavra de Deus faz a você?

✓ Medite sobre quem é o maior no Reino de Deus. O que você pensa sobre isso?

✓ Como aparece na nossa vida, na relação familiar, na comunidade essa realidade de alguém querer ser maior, superior aos outros?

✓ Há pessoas que desejam ser mais do que os outros e querem ocupar sempre os melhores lugares e conquistar os melhores serviços? E entre nós, também existem essas coisas?

5. REZANDO COM A PALAVRA

Motivar o grupo a responder: o que a Palavra proclamada faz você dizer a Deus? Que oração quer dirigir a Ele?

Incentivar os catequizandos a fazerem um oração pessoal e motivar uma partilha de suas orações.

Concluindo este momento orante, convidar os catequizandos a formarem um círculo e, de mãos dadas, olhando para o crucifixo, rezarem todos juntos:

Obrigado, Senhor, por nos dar o seu Filho Jesus, que se fez servo e pequeno, nos ensinou a humildade e o serviço, deu sua vida por nós com sua morte de cruz e nos ensinou quem é o maior no Reino de Deus. Amém.

Após a oração, orientar o grupo para receber o crucifixo, beijá-lo e/ou tocá-lo e entregá-lo a um colega, para que todos possam fazer esse gesto de reverenciar o crucifixo.

Sugere-se finalizar este momento orante com o canto: *Amar como Jesus amou* (Pe. Zezinho) ou outro que atenda ao conteúdo do encontro.

6. VIVENDO A PALAVRA

Orientar os catequizandos a conversarem em casa, durante a semana, sobre o que foi refletido neste encontro. Para isso, sugerir que cada um leia com seus pais o texto do Evangelho que foi proclamado neste encontro e pergunte a eles o que entendem sobre quem é o maior no Reino de Deus.

Pedir que os catequizandos anotem em seus livros as ideias dessa conversa, para que sejam partilhadas com o grupo no próximo encontro.

- ✓ Lembrar aos catequizandos a data e o horário em que será celebrado o rito da entrega da cruz e motivá-los a convidarem os pais e familiares para participarem desse momento importante.

RITO DA ENTREGA DA CRUZ

- ✓ *Este rito poderá ser feito na celebração dominical da comunidade, com a presença dos catequizandos e dos seus responsáveis. Os crucifixos poderão ser levados na procissão de entrada e colocados em uma bandeja, sobre uma mesinha, próximo ao presbitério.*
- ✓ *Caso o rito seja feito em uma celebração, fora da missa, deverá ser preparado um espaço próprio no qual haja uma cruz e uma Bíblia. Não se esquecer de preparar a celebração com antecedência, escolhendo o texto bíblico, o salmo, os cantos próprios, o leitor, o salmista, o grupo de canto e conversando com quem irá presidi-la.*

Após a homilia

Convidar um casal de pais ou um catequista para erguer a bandeja com as cruzes que serão entregues aos catequizandos.

Quem preside, faz uma breve motivação e conclui com a oração:

Presidente: *Senhor, Pai Santo, que quisestes fazer da cruz do vosso Filho fonte de todas as bênçãos e causa de todas as graças, dignai-vos a abençoar estas cruzes e concedei aos que as trouxerem consigo que transformem-se na imagem do vosso Filho, que vive e reina para sempre.*

Todos: Amém! (Cantar).

Os catequizandos se aproximam do presbitério para receber a cruz.
Se o grupo for grande, o presidente poderá pedir ajuda aos catequistas e pais.

Presidente: *N... Receba esta cruz, sinal do amor de Cristo e da nossa fé. Aprenda a amá-la de todo o coração.*

Catequizando: Amém!

Quando todos os catequizandos tiverem recebido a cruz, quem preside se dirige ao grupo.

Presidente: Vocês estão com a cruz de Cristo, sinal do cristão. Em silêncio, cada um faça sua oração a Deus.

Para concluir o rito da entrega da cruz, quem preside diz a oração:

Presidente: *Deus, criador e salvador das pessoas, por vosso amor destes a vida a estes nossos irmãos e irmãs. Na misericórdia, os chamastes a vós. Nós vos pedimos confiantes: penetrando o íntimo de seu ser, protegei-os e conservai-os neste Caminho da Iniciação Cristã. Levando ao fim vosso plano de amor, concedei que se tornem plenamente conscientes e convictos discípulos do vosso Filho Jesus Cristo. Pelo mesmo Cristo, na unidade do Espírito Santo.*

Todos: Amém!

Continua a celebração com as preces da comunidade, incluindo pelos catequizandos, pais e catequistas.

5º ENCONTRO

BUSCAI PRIMEIRO O REINO DE DEUS

Sentido do encontro

O Evangelista Mateus nos chama a atenção ao afirmar que o acúmulo de riquezas alimenta a injustiça na sociedade. A obsessão pelo poder e pelo dinheiro impede a busca pelo Reino de Deus e sua justiça. A riqueza e a produção dos bens deveriam existir para atender às necessidades de todos.

Objetivo

Compreender que os cristãos devem priorizar a busca pelo Reino de Deus e sua justiça, confiantes de que o Senhor sabe do que cada um necessita.

Ambientação

Tecido da cor litúrgica, vela, Bíblia, uma flor. Se possível, providenciar flores de diferentes tipos e cores para cada catequizando.

Acolhida

Receber os catequizandos com alegria, dirigindo a cada um deles palavras de boas-vindas.

1. OLHANDO PARA A VIDA

Iniciar uma conversa com o grupo, indagando: como cada um viveu o compromisso assumido no encontro anterior? E como foi a experiência de receber a cruz? Como se sentiram?

2. ORAÇÃO INICIAL

Acende-se a vela...

Motivar a iniciar o momento de oração cantando o refrão: *Ó luz do Senhor* ou outro conhecido.

Convidar os catequizandos a fazerem o sinal da cruz e, em silêncio, acompanharem a oração ao Espírito Santo que você, catequista, ou um catequizando, irá conduzir.

Ó Espírito Santo, dai-me um coração grande, aberto à vossa silenciosa e forte palavra inspiradora, fechado a todas as ambições mesquinhas, alheio a qualquer desprezível competição humana, compenetrado do sentido da santa Igreja. Que meu coração seja grande e forte para amar e servir a todos; um coração grande e forte para superar as dificuldades e provações da vida; um coração fiel para acolher o Reino de Deus em nós. Amém.

Encerrar este momento com o canto: *Com a presença de Cristo entre nós* (Frei Luiz Turra) ou outro adequado ao tema do encontro.

3. ESCUTANDO A PALAVRA

Convidar os catequizandos para que se coloquem em pé para ouvir a proclamação do Evangelho segundo São Mateus 6,25-34, que será realizada por um dos participantes do grupo.

Em seguida à proclamação, pedir que todos releiam o texto bíblico, em silêncio. Para que os catequizandos compreendam a Palavra proclamada, fazer uma reflexão, a partir das ideias sugeridas no *Compreendendo a Palavra*.

A partir da reflexão sobre o texto do Evangelho, pedir que os catequizandos pensem e conversem sobre as questões propostas. Se for necessário, ajudar o grupo a dar suas respostas, que devem ser anotadas em seus livros.

a) Qual deve ser a maior preocupação de quem confia em Jesus?
b) O que tem mais valor para Jesus?
c) Quais são as comparações que Jesus faz com a natureza?
d) O que é preciso buscar em primeiro lugar?

Compreendendo a Palavra

Jesus condena a preocupação excessiva com os bens materiais e recomenda a atenção aos valores do Reino de Deus e à confiança em Deus Pai. Com uma grande sensibilidade, Ele percebe o sofrimento dos pobres, que vivem preocupados com a sobrevivência em meio a uma sociedade injusta. Ele orienta a superar as preocupações e as angústias cotidianas lutando por um mundo mais justo e digno para todos. Na proposta de Jesus, o mais importante é buscar o Reino de Deus e a sua justiça e "tudo o mais vos será dado por acréscimo" (Mt 6,33). Jesus orienta que devemos nos empenhar para que o Reino de Deus e a sua justiça floresçam no meio de nós de tal modo que seu plano de vida e salvação para todos se torne, de fato, realidade.

Para aprofundar e refletir

Jesus recomenda uma ordem de valores que traz, em primeiro lugar, o Reino de Deus. Ele não nos recomenda passividade (cf. 2Ts 3,6-13), mas quer que fiquemos livres das inquietações e preocupações. Esse é o verdadeiro abandono filial a Deus (cf. CIgC, n. 2547-2830). Deus cuida de todas as suas criaturas e suas necessidades, mas, para isso, é preciso que confiemos n'Ele.

Ler e meditar:

- ✓ Catecismo da Igreja Católica números 323 e 304.
- ✓ Evangelho de Mateus 10,29-31.

4. MEDITANDO A PALAVRA

Incentivar os catequizandos a aprofundar o entendimento do Evangelho proclamado a partir da reflexão anterior, conversando sobre as questões apresentadas na sequência.

Pedir que respondam a essas questões e anotem suas respostas nos livros.

- ✓ O que a Palavra te diz?
- ✓ O que Jesus anunciou? O que esse anúncio de Jesus ensina a você?
- ✓ Quais são as suas preocupações diárias?
- ✓ Quais são as maiores preocupações das pessoas, na sociedade de hoje, e na Igreja?

5. REZANDO COM A PALAVRA

Motivar os catequizandos a dizer a Deus o que trazem no coração, depois de terem ouvido e meditado sobre a Palavra.

Perguntar: o que você quer dizer a Deus agora? Qual sua oração em resposta a essa Palavra?

Entregar para cada catequizando uma flor e dizer: "*A beleza das flores é o resultado da criação e do amor de Deus, que é único, mas cada pessoa é muito mais bela flor porque todos somos filhos e filhas de Deus*" (BRUSTOLIN, 2009, p. 132).

Esperar um tempo para que cada um contemple a flor que recebeu.

Perguntar: o que essa flor fala para você? Deixar que os catequizandos se expressem livremente e, em seguida, colocar o canto sugerido ou outro à sua escolha.

Canto: *Olhem para as flores* (Jorge Trevisol).

Concluindo o momento de oração, convidar os catequizandos para juntos rezarem:

> *Senhor nosso Deus, criador de tudo o que existe, fazei com que, como parte da vossa criação, procuremos servir aos outros sem nada esperar em troca, esforçando-nos por construir um mundo mais belo e mais justo, para que assim o vosso Reino aconteça no meio de nós. Isso nós vos pedimos, por vosso Filho, Jesus Cristo. Amém.*

6. VIVENDO A PALAVRA

Explicar ao grupo que cada um irá levar a flor que recebeu para alguém da família e, ao entregá-la, dirá a essa pessoa que ela é mais valiosa que as aves do céu ou as flores do campo, porque é uma filha de Deus.

No próximo encontro, os catequizandos irão partilhar com o grupo porque escolheu essa pessoa para entregar sua flor e como ela reagiu ao recebê-la.

Para terminar este encontro, pode-se propor que ouçam o canto sugerido ou outro de sua escolha.

Canto: *Balada por um reino* (Pe. Zezinho).

6º ENCONTRO

UM CORAÇÃO BOM FAZ ACOLHER E FRUTIFICAR A PALAVRA

Sentido do encontro

A pessoa humana, nascida do coração de Deus, tem um coração capaz do bem, do amor, da acolhida da Palavra de Deus que a faz produzir bons frutos, percebidos em atitudes e gestos concretos na vida. São Lucas recorre a uma analogia e usa a figura do semeador, que joga a semente no terreno e espera pelos frutos desejados.

Objetivo

Compreender que devemos acolher a Palavra de Deus e testemunhá-la em palavras e ações.

Ambientação

Tecido da cor litúrgica, vela, Bíblia e um saquinho com sementes (girassol, feijão, soja, milho ou outras) para cada catequizando.

Acolhida

Receber os catequizandos com palavras de acolhida, destacando a alegria por tê-los no encontro.

1. OLHANDO PARA A VIDA

Em uma conversa animada, perguntar: como vivenciou o compromisso assumido no encontro anterior? A quem foi entregue a flor que recebeu no encontro? Por que escolheu entregar a essa pessoa?

Perguntar também sobre a participação em alguma celebração na comunidade: em qual participou? Com quem?

Motivando para o tema deste encontro, questionar o grupo:

- ✓ Nos tempos de hoje, quem as pessoas mais escutam? Por quê?
- ✓ De tudo o que as pessoas ouvem, qual palavra é a mais importante? Por quê?
- ✓ E para você, a palavra de quem é a mais importante? Por quê?

2. ORAÇÃO INICIAL

Acende-se a vela...

Escolher um refrão bem conhecido para iniciar, cantando todos juntos.

Convidar os catequizandos a fazerem o sinal da cruz e, juntos, rezarem ao Espírito Santo, dizendo: *Vinde, Espírito Santo....*

3. ESCUTANDO A PALAVRA

Motivar o grupo para a escuta da Palavra, dizendo que nosso coração é como um terreno que dá bons frutos quando é bem cuidado.

Pedir que todos se coloquem em pé para ouvir a Palavra e convidar um catequizando para proclamar o Evangelho segundo São Lucas 8,5-15.

Em seguida à proclamação, motivar os catequizandos a relerem, em silêncio, o texto que foi proclamado, observando com atenção os diferentes terrenos e cenários mencionados pelo evangelista.

Solicitar aos catequizandos que contem com suas próprias palavras o que é narrado nesse texto de São Lucas. Na sequência, fazer uma reflexão sobre a Palavra proclamada; para ajudar, são apresentadas algumas sugestões em *Compreendendo a Palavra*.

Concluída a reflexão, pedir aos catequizandos que conversem sobre as questões propostas, anotando suas respostas em seus livros.

- a) Qual versículo mais chamou sua atenção? Por quê?
- b) Quais os tipos de terreno onde foram lançadas as sementes?

Compreendendo a Palavra

A parábola do semeador, muito conhecida e detentora de uma mensagem clara e profunda, contribui para a compreensão sobre o essencial da vida de Deus em nós: o amor manifestado no processo de encontro com a Palavra, com o Senhor, e nossa resposta a Ele. Segundo o texto bíblico, a semente lançada é a própria Palavra de Deus que nos é oferecida; e os caminhos com pedras, espinhos e a terra boa retratam o modo como o ser humano realiza o acolhimento dela em sua vida. Portanto, como a semente, que para produzir resultados, dar frutos, está sujeita ao tipo de terreno em que é jogada, em que cai, também a Palavra, para gerar transformações, necessita que aquele que a ouve esteja disposto a re-

fletir sobre ela, aceitar a sua mensagem, o seu ensinamento. As sementes lançadas à beira do caminho, de acordo com a interpretação da parábola, recordam as pessoas que, apesar de ouvirem a Palavra de Deus, não a entendem e, assim, a sufocam e deixam crescer em seu lugar os valores egoístas, pois é exigente viver a fé e praticar os ensinamentos do Senhor. Ainda no texto, fala-se das sementes que caíram em terreno pedregoso e que recordam as pessoas que ouvem a Palavra de Deus com muito entusiasmo, mas diante das adversidades e desafios para praticá-la, a deixam de lado, assim não a incorporam em suas vidas. As sementes que caíram entre os espinhos nos lembram as pessoas que ouvem a Palavra de Deus, mas têm seu foco de interesse nas recompensas imediatas, nos bens materiais e no prazer, distanciando-se da Palavra de Deus e do esforço que se requer para vivê-la. Porém, há as sementes que caem em terra boa. Esse tipo de terra podemos associar às pessoas que se colocam disponíveis para ouvir, cultivar e construir os valores propostos por Deus às suas vidas e, consequentemente, produzem muitos e bons frutos, ou seja, são promotoras da paz, do bem, do respeito, da caridade... As sementes lançadas por Jesus, o semeador, têm como fim último a promoção de atitudes mais coerentes com as propostas do Reino. Por isso é importante olhar para as nossas vidas, a fim de observar que tipo de atitudes estamos assumindo viver, que tipo de terreno é a minha vida diante da Palavra.

Três palavras se destacam nesse texto: ouvir, guardar e frutificar. São palavras desafiadoras a quem se põe a caminho para ser discípulo missionário de Jesus Cristo. Essas palavras nos colocam diante da realidade e nos ajudam a perseverar na missão de sermos os semeadores da Palavra de Deus, moldados por ela para nos mantermos fiéis ao Senhor, dedicando esforço para cultivá-la e nutrir nossa vida a partir do que nos orienta.

Para aprofundar e refletir

A semente lançada simboliza a Palavra de Deus. Cada pessoa convertida em Cristo é resultado do afloramento do Evangelho num bom coração. A *Lumen Gentium* diz que o Reino se manifesta lucidamente aos homens na Palavra, nas obras e na presença de Cristo (cf. LG, n. 3). É a Palavra de salvação que alimenta a fé no coração dos cristãos: é ela que faz nascer e dá crescimento à comunhão dos cristãos (cf. PO, n. 4). O Documento de Aparecida ainda ressalta: "Louvemos a Deus porque pela sua Palavra somos santificados e nos tornamos construtores do Reino de Deus" (cf. DAp, n. 121).

Ler e meditar:

- ✓ Catecismo da Igreja Católica número 543.
- ✓ Os textos bíblicos de: Tg 1,8; 1,21; 1Pd 1,23; Jo 8,32; Jo 17,17; Jo 6,44-45; Rm 10,17; Cl 3,16; Sl 119,10.

4. MEDITANDO A PALAVRA

Orientar os catequizandos a lerem com atenção e meditarem sobre as perguntas apresentadas em seus livros, para encontrarem respostas. Em seguida, convidar a escreverem o que consideram importante para suas vidas e partilharem com o grupo.

- ✓ O que a Palavra diz para você?
- ✓ Que tipo de terreno você tem sido?
- ✓ Como você sente que a Palavra de Deus é recebida pelas pessoas em sua famílias?

Após a partilha, entregar para cada catequizando um saquinho com sementes e conversar sobre as etapas desde a semeadura até a colheita, como cultivar, arar e capinar a terra. Destacar a importância da chuva, do terreno preparado, do sol e da qualidade da semente, até ela se transformar em broto, crescer e produzir frutos.

5. REZANDO COM A PALAVRA

Recordar a importância de um bom terreno para que a semente produza bons frutos e motivar os catequizandos a fazerem juntos uma oração, pedindo a Deus para que sejam terra boa e também bons semeadores, ou seja, discípulos missionários que percorrem os caminhos semeando a Palavra de Deus.

Motivar os catequizandos a escreverem a sua oração e compartilhar com o grupo. Após todos dizerem suas orações, convidar para rezarem juntos:

> *Ó Pai querido, queremos ser terrenos bons para receber em nosso coração vossa Palavra e fazê-la crescer em nossa vida, produzindo bons frutos de vida, de esperança, de amor, de doação e de fraternidade. Amém!*

Se for possível, concluir este momento de oração com um refrão, como o sugerido ou outro de sua escolha.

Canto: *Põe a semente na terra* ou outro à escolha.

6. VIVENDO A PALAVRA

Orientar o grupo sobre o que deverão fazer durante a semana, escolhendo uma ação concreta com relação ao meio ambiente, por exemplo: o cuidado com a natureza, com a terra, separação do lixo, cuidado e a não contaminação da água, entre outros.

7º ENCONTRO

PARTILHAR OS BENS E OS DONS

Sentido do encontro

Tudo o que somos e temos nos foi dado como dom, como presente de Deus, não apenas para o nosso bem, mas para ser partilhado e colocado a serviço de todos. Porém vivemos em um mundo no qual as pessoas pensam mais em si mesmas, e não nos outros. O Apóstolo Paulo (cf. 2Cor 9-6-11) recomenda à comunidade que contribua generosamente com a Igreja de Jerusalém, apontando como devemos ofertar. Ele compara nossa oferta a uma semente e diz que nossa colheita depende do quanto semearmos.

Objetivo

Identificar a importância da partilha de dons, bens e da própria vida para o bem de todos.

Ambientação

Cadeiras em círculo, ambientação que favoreça um clima de oração, um tecido da cor do tempo litúrgico, vela, Bíblia, um bolo e a oração do dizimista para cada catequizando.

Acolhida

Receber os catequizandos à entrada do local do encontro e acolher cada um com alegria.

1. OLHANDO PARA A VIDA

Conversar com os catequizandos sobre a semana que passou: o que aconteceu de mais importante ou mais interessante?

Perguntar o que mais chamou a atenção de cada um na missa do fim de semana.

Procurar identificar o porquê das respostas e esclarecer as dúvidas que possam surgir.

2. ORAÇÃO INICIAL

Acende-se a vela...

Motivar o grupo para um momento inicial de oração, convidando-os a cantar um refrão: *Onde reina o amor* (Jacques Berthier – Taizé) ou outro à escolha.

Pedir que silenciem, colocando-se prontos para conversar com Deus, fazendo, em seguida, o sinal da cruz. Todos juntos, dirijam a Deus uma prece pedindo sabedoria para compreender o sentido e a importância da partilha.

Concluir este momento convidando-os a rezarem juntos:

> *Senhor, nosso Deus, vos pedimos neste encontro a graça de compreender que a generosidade e a partilha são gestos de solidariedade e doação, além de atitudes do cristão. Ajudai-nos a sermos sensíveis e a nos exercitarmos nesta prática. Amém.*

3. ESCUTANDO A PALAVRA

Fazer uma breve motivação para a escuta da Palavra e, juntos, cantar a aclamação.

Canto: *Eu vim para escutar* (Padre Zezinho).

Convidar um dos catequizandos para proclamar o texto bíblico de 2Cor 9,6-11. Na sequência, pedir que façam a leitura silenciosa desse texto.

Começar a contar o texto com suas palavras, motivando os catequizandos para que ajudem a reconstruir a narrativa.

Fazer uma reflexão sobre o texto bíblico, para que os catequizandos possam entendê-lo melhor. Em *Compreendendo a Palavra*, são apresentadas as principais ideias para essa reflexão.

A partir da reflexão, pedir que os catequizandos pensem sobre as questões que estão propostas no livro. Provocar uma conversa, para que todos possam se expressar e, na sequência, pedir que cada um escreva sua resposta no livro.

a) Sobre o que fala o texto? Qual sua mensagem principal?
b) Qual o versículo que mais chamou sua atenção? Por quê?

Compreendendo a Palavra

Paulo nos ensina que nossa generosidade deve ser proporcional ao que temos recebido de Deus. Devemos doar com alegria e de coração, e não com tristeza e obrigação. Em seguida, o Apóstolo narra o que Deus faz conosco por causa das nossas ofertas, visto que Ele é bom e generoso e dá, a quem oferta, todas as graças em abundância, para que possa realizar outras boas obras.

O ato de ofertar, então, traz bênçãos eternas para os que recebem e também para os que contribuem (cf. Mt 25,31-40). O Apóstolo Paulo pede que a bênção de Deus seja derramada sobre os coríntios (2Cor 9,8-9). Paulo apresenta uma comparação entre semear e colher para incentivar a comunidade dos coríntios a desenvolver ações de generosidade. Para que o compreendam, destaca que semear com generosidade resulta em conquistar uma colheita abundante. No versículo 10 do texto da carta, o autor menciona que "Quem dá ao semeador a semente e o pão para comer também vos dará ricas plantações e multiplicará os frutos de vossa justiça", ao fazer essa menção faz um resgate ao texto de Is 55,10, no qual é mencionado que "Como a chuva e a neve descem do céu e para lá não voltam, mas regam a terra para ela ficar fértil e produtiva, para dar semente ao semeador e pão para comer".

A partir disso, explica à comunidade que a sua generosidade será uma bênção, tanto para eles quanto para as outras pessoas. Ofertar é uma forma de agradecer a Deus por tudo o que Ele fez e faz por nós. Ao contribuir com o dízimo e realizar ofertas em nossas comunidades, estamos, ao mesmo tempo, contribuindo para manter a obra da Igreja, com manutenção do espaço sagrado em que nos reunimos para celebrar e todas as suas despesas. Mas acima de tudo, realiza-se o exercício do desapego e da partilha. O dízimo é uma contribuição do cristão para que a Igreja possa realizar a sua missão em vista de três dimensões: religiosa, social e missionária. A primeira dimensão, a religiosa, refere-se a todos os serviços que uma comunidade/paróquia precisa investir para que os cristãos cresçam e perseverem na fé. Isso inclui as despesas com o templo (reformas e manutenção) e com os recursos para realizar as celebrações, e também com os salários das pessoas que trabalham e/ou prestam serviço à comunidade.

A segunda dimensão, a social, envolve o atendimento às pessoas menos favorecidas, carentes materialmente, da comunidade. A elas, é prestado atendimento pelas pastorais sociais que primam em assisti-las para que possam recuperar a sua dignidade.

A terceira dimensão, a missionária, mantém as ações de evangelização da comunidade e contribui com as missões de um modo geral, envolvendo a Cúria, o Seminário e outros. Por esses motivos é que a Igreja convida seus membros a serem corresponsáveis em sua missão, pois, sendo Igreja, todas as suas necessidades pertencem aos seus fiéis. O dízimo é uma manifestação de amor e gratidão a Deus. Trata-se de apresentar ao Senhor, na comunidade, os bens que deixou aos nossos cuidados, mas que pertencem a Ele.

Para aprofundar e refletir

De acordo com as orientações e propostas do documento da CNBB sobre o dízimo, a principal fundamentação do dízimo encontra-se na Sagrada Escritura (CNBB, Doc. 106, n. 13). No período dos patriarcas, a primeira referência ao dízimo aparece em Gn 14,17-20 como forma de gratidão. Abraão decide contribuir com Melquisedeque, entregando a décima parte de todos os despojos procedentes de sua vitória. Jacó se dispõe a oferecer o dízimo como forma de agradecimento pela sua experiência com Deus em Betel (Gn 28,18-22). O documento ainda contribui dizendo: ao se entregar o dízimo a Deus, segundo a concepção bíblica, reconhece-se que tudo vem dele (1Cr 2,11.14) e, por reconhecimento e gratidão, o melhor devemos dar a Ele, ou seja, as primícias das nossas colheitas (1Sm 2,29; Ml 1,6-14) (cf. CNBB, Doc. 106, p. 14 e 16).

Ler e meditar:

- ✓ O texto do Evangelho de Lucas 27,30.
- ✓ Os textos dos Evangelhos que fazem menções referentes ao dízimo na prática da religião judaica no tempo de Jesus: Mt 23,23; Lc 11,42 e Lc 8,1-3.
- ✓ O número 84 do Documento 100 da CNBB: *Comunidade de comunidades: uma nova paróquia.*

4. MEDITANDO A PALAVRA

Propor aos catequizandos que, em silêncio, leiam as questões apresentadas no livro e pensem sobre cada uma delas.

Perguntar: como respondem a essas questões?

Responder às dúvidas que surgirem e pedir que cada um anote em seu livro aquilo que considera importante para sua vida. Depois de algum tempo, incentivar os catequizandos para uma partilha sobre o que anotaram.

- ✓ O que a Palavra diz para você hoje?
- ✓ Para você, o que significa partilhar os bens e os dons?
- ✓ Hoje, no mundo, há mais partilha ou mais acúmulo de bens?
- ✓ Como podemos partilhar o que temos e o que somos?
- ✓ Uma forma de partilha é o dízimo. Sua família é dizimista? No grupo de catequese, não poderíamos fazer a experiência de dar o nosso dízimo?

Uma proposta de ação: sugerir ao grupo ter um pequeno cofre no local do encontro, para cada um doar o seu dízimo, aquilo que for possível. Propor que, pelo menos uma vez ao mês, deixariam de comer ou de beber algo e doariam esse valor como dízimo. Conversar com os catequizandos, ouvindo o que cada um pensa sobre essa sugestão.

Para ajudar o entendimento do dízimo, mostrar o bolo aos catequizandos e, enquanto corta fatias em um número maior do que o de catequizandos, perguntar:

- ✓ Em quantas fatias podemos dividir este bolo? (O grupo deverá perceber que podem fazer quantas fatias desejarem, de acordo com o tamanho do bolo).
- ✓ Se cortarmos o número de fatias de acordo com o número de catequizandos, quantas pessoas poderão comer o bolo? E se cortarmos um número maior de fatias, quantas poderão comer?

Entregar uma fatia do bolo a cada catequizando e comentar que, mesmo todos tendo recebido seu pedaço do bolo, ainda sobraram outras fatias, que poderão ser dadas a outras pessoas.

Explicar que é assim com o dízimo que ofertamos: quando somos generosos em nossa oferta, nunca ficaremos sem o que partilhar. Concluir destacando o que Jesus disse: "Há maior felicidade em dar do que em receber" (At 20,35).

5. REZANDO COM A PALAVRA

Comentar que todas as pessoas, mesmo quando passam por situações difíceis, sempre têm muitos motivos para agradecer a Deus, que é sempre imensamente generoso com cada uma, reforçando que Deus entende quando algo nos incomoda e nos dirigimos a Ele com um pedido.

Explicar que Deus nos ouve no silêncio, porque Ele conhece nosso coração.

Pedir que cada catequizando, em silêncio, faça sua oração a Deus, apresentando um agradecimento ou um pedido.

Reservar uns instantes de silêncio. Em seguida, convidar os catequizandos para, juntos, rezarem a oração do dizimista em seus livros, pedindo a graça de compreender e ofertar com alegria o dízimo:

> *Pai Santo, contemplando Jesus Cristo, vosso Filho bem-amado, que se entregou por nós na cruz, e tocado pelo amor que o Espírito Santo derrama em nós, manifesto, com esta contribuição, minha pertença à Igreja, solidário com sua missão e com os mais necessitados. De todo o coração, ó Pai, contribuo com o que posso: recebei, ó Senhor. Amém.* (CNBB, Doc. 106, p. 43)

Após a oração, convidar o grupo para cantar todos juntos, um refrão que pode ser do canto sugerido ou outro à escolha.

Canto: *Sabes, Senhor, o que temos é tão pouco pra dar* (L. Pires).

6. VIVENDO A PALAVRA

Explicar aos catequizandos a proposta para a semana: conversar com os pais sobre o sentido de partilhar os bens e os dons com as outras pessoas, comentando o que aprenderam neste encontro.

Perguntar o que os pais conhecem sobre o dízimo: o que significa? Qual sua finalidade? E, se a família ainda não for dizimista, motivá-la a colaborar, explicando o que é feito com o dízimo arrecadado na paróquia.

No próximo encontro, todos irão partilhar com o grupo essa conversa com os pais.

Para encerrar o encontro, pode propor um canto sobre a felicidade que sente quem ama a Deus (conforme a sugestão ou outro semelhante).

Canto: *Feliz o homem que ama o Senhor* (Frei Fabretti).

8° ENCONTRO

JESUS, MISSIONÁRIO DO PAI

Sentido do encontro

O Evangelista Lucas destaca a presença da força do Espírito em Jesus, o que indica que sua missão não é iniciativa própria, mas faz parte do plano de Deus. Na sinagoga, Jesus lê a passagem na qual o Pai, pela boca do profeta Isaías, o declara pronto para a missão. Aplicando esse texto a si mesmo, Jesus assume seu ministério.

Objetivo

Identificar Jesus como o missionário do Pai e compreender que, como Jesus, cada batizado tem a missão de anunciar o Reino de Deus.

Ambientação

Organizar o espaço do encontro em círculo; um tecido da cor do tempo litúrgico, vela, Bíblia; preparar um caminho com pedras, flores e o desenho de um par de pezinhos para cada catequizando.

Acolhida

Acolher cada catequizando alegremente com um abraço. Se quiser, poderá colocar uma música de boas-vindas animada para receber o grupo.

1. OLHANDO PARA A VIDA

Perguntar aos catequizandos como foi a conversa com os pais sobre o dízimo: o que eles pensam sobre isso? E como cada um se sentiu ao falar sobre partilhar com seus familiares o que temos e somos?

2. ORAÇÃO INICIAL

Acende-se a vela...

Convidar os catequizandos para um momento de oração, que pode ser iniciado com um refrão bem conhecido por todos (o que é sugerido ou outro à escolha).

Refrão: *Onde reina o amor* (Jacques Berthier – Taizé).

Recordar o significado do sinal da cruz, sinal dos cristãos, que nos lembra que somos batizados e temos uma missão.

Fazer o sinal da cruz, todos juntos, e convidar para dirigirem a Deus uma prece, pedindo que mais pessoas anunciem o Evangelho no mundo. Dizer a oração, devagar, e pedir que o grupo repita.

> *Senhor Jesus, por amor do Pai e de toda a humanidade, suscita para a tua Igreja numerosos missionários que, cheios do Espírito Santo, anunciem o Evangelho até os confins da Terra. Todos os povos precisam de ti e de uma nova evangelização. Amém!*

3. ESCUTANDO A PALAVRA

Animar o grupo para a escuta da Palavra, para ouvir o que Jesus quer ensinar. Se possível, selecionar e cantar um refrão de aclamação.

Convidar um catequizando para proclamar o Evangelho segundo São Lucas 4,14-21.

Pedir que cada um faça a releitura do texto, em silêncio.

Na sequência, reconstruir o texto com a ajuda dos catequizandos, destacando algumas palavras que considerar expressivas e significativas ao grupo.

Conduzir uma pequena reflexão sobre o texto bíblico, ajudando os catequizandos no seu entendimento; verificar as ideias principais em *Compreendendo a Palavra.*

A partir da reflexão, motivar os catequizandos a pensarem e conversarem com um colega sobre as perguntas propostas no livro.

- a) Aonde foi Jesus em um dia de sábado? E o que fez nesse lugar?
- b) Sobre o que falava o texto que Jesus leu?

Depois de terem respondido, incentivar os catequizandos a escrever em seus livros as ideias surgidas na conversa com o colega.

Compreendendo a Palavra

O plano de Deus que mudou a história da humanidade se realizou em Jesus, que assumiu sua vocação em meio a uma forte contradição social e se fez solidário com os excluídos e oprimidos pelo sistema sociopolítico. Jesus, o jovem humilde de Nazaré, apresenta-se aos seus compatriotas com o firme propósito de assumir a missão que a Ele fora designada: dar ao povo de Deus um novo sentido a suas vidas. Jesus, o missionário do Pai, começou a falar uma linguagem nova, surpreendente e provocadora. Suas palavras ressoavam por toda a Galileia, região onde viviam pessoas pobres e humilhadas que não tinham condição alguma para se defenderem dos ricos e poderosos. Nesse sentido, em parte alguma do planeta será possível construir a vida da forma como Deus deseja, a não ser libertando homens e mulheres da fome, da miséria e da humilhação. A experiência que Jesus tem de Deus mostra um coração misericordioso e compassivo que estava em profunda sintonia com o sofrimento do povo empobrecido, o qual aprendeu a ver n'Ele uma novidade em pessoa. Para Ele, não deve existir separação e exclusão, mas acolhida, abraço e hospitalidade. Embora o ministério de Jesus estivesse concentrado nas periferias, com frequência, ele ia à sinagoga (cf. Lc 4,16.33.44; 6,6; 14,18), fazendo dos judeus os primeiros destinatários da sua mensagem (At 13,46). (cf. CNBB, Doc. 69, n. 27-28)

Para aprofundar e refletir

A missão para a qual Jesus declara ter sido enviado pelo Pai – proclamar a boa-nova, sobretudo aos mais pobres – tem seu fundamento na salvação, na compaixão pelos excluídos, na libertação do pecado e do maligno, trazendo vida nova e digna para todos. Em suas palavras, Jesus revelava o segredo de Deus, de tal modo que atraía e entusiasmava multidões, das quais saíram muitos de seus discípulos. Seus desígnios e suas promessas modificavam os corações dos homens e seus destinos. Todos davam testemunho de sua mensagem e admiravam-se com as palavras cheias de graça e sabedoria que saíam de sua boca e do seu coração. Não existia experiência igual em parte alguma no mundo, já que nunca alguém havia falado tão profundamente quanto esse homem. Todos os aspectos de seu mistério, a começar pelo tempo em que foi gerado pela ação do Espírito Santo, fazendo-se o Verbo encarnado, passando pelos milagres realizados, pela doutrina, pela convocação, pela escolha e envio dos doze discípulos, pela cruz, até a ressurreição e a permanência da sua presença no meio dos seus, fazem parte da sua missão evangelizadora, modificando a vida de muitas pessoas até os dias de hoje (cf. EN, n. 6-7,11).

Ler e meditar:

- ✓ Exortação apostólica *Evangelii Nuntiandi* n. 8 e 9.

4. MEDITANDO A PALAVRA

Orientar os catequizandos a lerem as questões e meditarem, procurando dar uma resposta pessoal a cada uma delas.

- ✓ O que a Palavra que ouviu hoje disse a você e a nós?
- ✓ Você compreendeu o que Jesus falou? Diga com suas palavras.
- ✓ O que você pensa sobre a atitude de Jesus na sinagoga?
- ✓ O que a Palavra proclamada significa para sua vida cristã?
- ✓ O que a Palavra que ouviu pede a você e a cada um de nós?

Depois de respondidas as perguntas apresentadas, incentivar cada catequizando a escrever em seu livro o que considera mais importante para sua vida cristã.

Entregar para cada catequizando um par dos desenhos de pezinhos e pedir que escrevam neles seu próprio nome.

Comentar que os pés simbolizam a missão que cada cristão tem a realizar. Porém, depende da nossa fé e da nossa perseverança permanecermos no caminho que Jesus nos propõe. Jesus é o missionário do Pai, e Ele nos chama para sermos anunciadores do Reino de Deus. Jesus conta com cada um de nós para que a Palavra de Deus seja levada a todos os homens e frutifique em cada coração.

Em seguida, pedir que os catequizandos fiquem um instante em silêncio, pensando sobre o chamado que Jesus nos faz, e depois andem pelo caminho preparado no local do encontro e nele coloquem os desenhos dos pezinhos com seus nomes. Enquanto os catequizandos andam pelo caminho, pode-se colocar no celular ou outro recurso uma música com o tema do seguimento de Jesus ou do chamado.

Instrua que registrem em seus livros o que considerarem mais expressivo do que viveram neste momento do encontro.

5. REZANDO COM A PALAVRA

Pedir que os catequizandos se organizem próximos ao caminho preparado, onde foram colocados os pezinhos com seus nomes. Em atitude orante, em silêncio, cada um irá conversar com Deus, falando sobre seu desejo de ser testemunha de Jesus e de ser missionário para levar às pessoas a boa-nova.

Orientar que anotem seus desejos de testemunhar Jesus. Depois de um instante de silêncio, incentivar os catequizandos a fazerem preces espontâneas, olhando para os pés colocados no caminho. A cada prece, todos pedem: *Fazei-nos, Senhor, anunciadores do vosso Reino.*

Concluindo este momento de oração, convidar os catequizandos para que, de mãos dadas, rezem juntos o Pai-nosso.

6. VIVENDO A PALAVRA

Explicar que o compromisso sugerido para esta semana é conversar em família sobre o sentido da missão: assim como Jesus foi missionário do Pai, cada batizado é também chamado a realizar uma missão.

Para isso, em casa, cada catequizando deverá ler o Evangelho segundo São Lucas 4,14-21 e conversar em família sobre a missão de cada batizado e o que mais chamou atenção no texto bíblico. As conclusões devem ser anotadas no livro para partilhar com o grupo no próximo encontro.

9º ENCONTRO

A MISSÃO DE JESUS CONTINUA NA VIDA DA COMUNIDADE DE FÉ

Sentido do encontro

Sob o impulso do Espírito Santo, os Apóstolos voltam à comunidade cristã para se fortalecerem mutuamente por meio da Palavra de Deus e da oração. A narrativa de Atos dos Apóstolos 2,42-47 revela como viviam as primeiras comunidades cristãs, e o Evangelista Lucas oferece um segundo retrato da comunidade que vive a prática da partilha.

Objetivo

Compreender que, como batizados, somos chamados a continuar a missão de Jesus no mundo.

Ambientação

Cadeiras organizadas em forma de círculo ou ao redor de uma única mesa. Tecido da cor do tempo litúrgico, vela, Bíblia, flores e um pacote de salgadinhos (o pacote de salgadinhos deve ser colocado em um lugar escondido na sala).

Acolhida

Ter uma atitude fraterna de acolhida e receber os catequizandos com palavras de boas-vindas, chamando cada um pelo nome.

1. OLHANDO PARA A VIDA

Incentivar o grupo a partilhar os acontecimentos da semana que passou.

Indagar: todos participaram de alguma celebração na comunidade? Qual?

Com relação ao compromisso proposto no encontro anterior: como foi a experiência da reflexão do texto bíblico na família?

2. ORAÇÃO INICIAL

Acende-se a vela...

Apresentar um refrão para cantar, criando um clima de oração. Poderá ser o sugerido ou outro, à escolha.

Refrão: *Onde reina o amor* (Jacques Berthier – Taizé).

Fazer o sinal da cruz e motivar os catequizandos a, em silêncio, se voltarem para Deus, colocando-se disponíveis para ouvir o que Ele irá dizer neste encontro.

Todos juntos, fazer a oração ao Espírito Santo.

3. ESCUTANDO A PALAVRA

Aclamar a Palavra que será proclamada com um canto da sua escolha.

Convidar um catequizando a proclamar o texto bíblico de At 4,32-35.

Pedir que façam uma leitura silenciosa do texto bíblico, e na sequência, chamar alguns catequizandos para contarem com suas palavras o que entenderam do texto.

Fazer uma reflexão sobre o texto bíblico, conforme as ideias apresentadas em *Compreendendo a Palavra*, como um diálogo com os catequizandos.

Depois da reflexão, formar duplas e incentivá-los a pensar e conversar sobre as questões propostas no livro. Se necessário, esclarecer dúvidas que os catequizandos possam apresentar.

Pedir que, depois da conversa, cada um faça anotações em seu livro:

a) Qual o versículo que mais chamou a sua atenção?
b) Quais os aspectos mais importantes do texto?

Compreendendo a Palavra

Os cristãos das primeiras comunidades tinham um referencial de vida diferente que encantava e atraía outras pessoas ao cristianismo. A fé e a resposta ao anúncio do Evangelho operavam por meio da caridade e da partilha dos bens. Os Evangelhos nos ensinam que não é possível amar a Deus sem nos comprometermos verdadeiramente com os irmãos mais carentes e necessitados (cf. DP, n. 327). Lucas narra que quem possuía muitas posses materiais era incentivado a vendê-las e repartir com os mais necessitados, exercendo a prática da partilha a exemplo de Barnabé e outras figuras citadas no livro dos Atos dos Apóstolos. Tudo era colocado "aos pés dos Apóstolos", administradores e ecônomos dos bens, que partilhavam igualmente entre os mais carentes na comunidade. Os Apóstolos seguiam a prática que aprenderam com Jesus, desafiando as pessoas a partilharem e não acumularem bens (Lc 12,38; 18,22). A riqueza e a beleza da comunidade não é o acúmulo de bens, mas provém do poder de Deus e pela força do Espírito Santo presente e atuante no serviço e no testemunho de cada membro cristão, em prol de um mundo mais justo, de uma vida mais digna onde reine o amor, a partilha e a justiça. Lucas quer ressaltar essa mensagem, deixando claro que a comunhão é fundamental para a realização prática do Evangelho anunciado aos pobres, e que este visa transformar os que acumulam muitos bens e exploram os mais fracos, para que tenham maior consciência em redistribuir suas riquezas e partilhá-las com seus semelhantes.

Para aprofundar e refletir

A solidariedade é uma virtude cristã, que nasce de nossa fé em Jesus Cristo e vai se concretizando ao longo da nossa vida, por meio de atitudes solidárias para com os irmãos (cf. CIgC, n. 1942). O serviço de caridade realizado pela Igreja em favor dos pobres é uma atividade que caracteriza a vida cristã, que, impregnada pelo Espírito Santo, vai criando forma e dando um estilo eclesial e pastoral (cf. NMI, n. 9).

Ler e meditar:

- ✓ Documento de Puebla números 49, 279 e 355.
- ✓ Documento de Aparecida números 394 e 398.

4. MEDITANDO A PALAVRA

Orientar os catequizandos a partir de uma leitura atenta das questões propostas, meditarem sobre a Palavra que foi proclamada e responderem.

- ✓ O que a Palavra proclamada diz para você?
- ✓ O que cada pessoa deve fazer para que o outro não passe necessidade?
- ✓ Para você, por que, no mundo hoje e também em nossa comunidade, há algumas pessoas que têm demais e outras que passam necessidade? Que situações colocaram as pessoas nessa condição?
- ✓ O que Deus pede de nós, cristãos, seguidores de Jesus?

Pedir que cada um anote em seu livro aquilo que considera importante para viver como verdadeiro cristão e, em seguida, partilhe com o grupo.

Incentivar os catequizandos a procurarem o pacote de salgadinhos escondido na sala.

Quem o encontrar deverá partilhar com os demais. Em seguida, comentar e enfatizar a importância da partilha e perguntar: qual deve ser nossa atitude quando temos o suficiente para partilharmos?

5. REZANDO COM A PALAVRA

Explicar que a Palavra de Deus é sempre fonte de ensinamentos, e quando a seguimos, vivemos melhor.

Perguntar: o que a Palavra sobre a qual hoje refletimos faz você dizer a Deus?

Esperar um tempo para que os catequizandos possam pensar em sua oração e, como em uma conversa entre amigos, dizer a Deus o que a Palavra os inspirou.

Motivar os catequizandos a espontaneamente, fazerem uma oração de agradecimento a Deus por nos ensinar a partilhar. Após cada prece, todos juntos agradecem, dizendo: *Obrigado, Senhor*!

6. VIVENDO A PALAVRA

Instruir os catequizandos a escolherem e assumirem um compromisso relacionado à partilha para ser vivenciado durante a semana. Anotar no livro qual o compromisso escolhido e como pretende concretizá-lo.

Sugestão: verificar em casa o que tem e que pode dividir com alguém que não tem ou não pode ter.

Encerrar o encontro com um canto sobre a partilha: "*Os cristãos tinham tudo em comum*" (Dom Carlos Alberto Navarro, Waldeci Farias), ou outro a escolha.

10º ENCONTRO

CREIO NA IGREJA DE JESUS CRISTO

Sentido do encontro

No Creio, ao dizermos "Creio na Santa Igreja", estamos nos referindo à Igreja de Jesus. Pensada desde sempre no desígnio do Pai, ela foi preparada por Ele na história da Aliança com Israel para que, na plenitude dos tempos, fosse instituída graças à missão do Filho e à efusão do Espírito Santo.

Objetivo

Compreender que a Igreja, pensada e desejada por Jesus, é a comunidade dos seguidores, animada pelo Espírito Santo.

Ambientação

Organizar o espaço do encontro de modo circular, com um pequeno tecido na cor do tempo litúrgico, vela, Bíblia; desenho ou imagem de um o corpo cortado em pedaços.

Acolhida

Acolher os catequizandos demonstrando alegria por revê-los.

1. OLHANDO PARA A VIDA

Motivar uma conversa sobre como foi a semana que passou: o que aconteceu de bom, o que não foi tão bom, procurando ouvir dos catequizandos porque pensam assim.

Perguntar: o que cada um escolheu como compromisso do encontro anterior? Provocar uma partilha sobre a experiência; como se sentiram, o que aprenderam?

2. ORAÇÃO INICIAL

Acende-se a vela...

Com um refrão meditativo (o sugerido ou outro de sua escolha), convidar os catequizandos para uma oração.

Refrão: *Ó luz do Senhor* (Frei Luiz Turra).

Iniciar o encontro em nome da Trindade Santa: *em nome do Pai, do Filho e do Espírito Santo*. Amém! E rezar juntos:

> *Senhor Jesus, Bom Pastor, concede-nos hoje a graça de nos fortalecermos como Igreja. Torna-nos capazes de testemunhar e comunicar a todos a fé na tua Igreja. Torna-nos disponíveis e corajosos para colocarmos nossa vida a serviço da vida para todos. Amém.*

Concluir este momento orante com um canto alusivo à Igreja (o sugerido ou outro à escolha).

Canto: *Agora é tempo de ser Igreja* (Maria Luiza Ricciardi).

3. ESCUTANDO A PALAVRA

Comentando que o texto que será proclamado foi dirigido pelo Apóstolo Paulo à comunidade que se formou em Éfeso, convidar para a escuta da Palavra. Pedir a um catequizando que proclame o texto bíblico de Ef 4,1-7.

Na sequência, incentivar a leitura silenciosa do texto e, para concluir, contar com suas palavras e com a ajuda dos catequizandos o que leram.

Para ajudar a compreensão do texto, conduzir uma reflexão comentando e explicando as palavras do Apóstolo Paulo.

Orientar os catequizandos a refletirem sobre os pontos sugeridos, fazendo anotações em seus livros.

a) De acordo com o texto bíblico, escrito por São Paulo, como devem viver os cristãos?

b) Destacar as frases ou palavras mais importantes do texto.

Compreendendo a Palavra

O Apóstolo Paulo assinala que o maior desafio na comunidade de Éfeso era não permitir que nada interferisse na unidade do Espírito, que já está estabelecida para aqueles que receberam Jesus como o Salvador e Senhor. Ressalta também a responsabilidade dos líderes da Igreja diante de Deus de preservar, manter e defender essa unidade do Espírito.

Quando o Apóstolo se refere à unidade, ele adverte que na vida cristã devemos viver a unidade do Espírito Santo e equilibrar a prática com a doutrina, de tal modo que tenham o mesmo peso. A narrativa destaca três palavras que devem estar enraizadas em nosso coração e na prática cristã: humildade, mansidão e longanimidade. Essas três virtudes divinas são demonstradas também por Jesus em sua kenosis (esvaziamento de sua divindade), na Carta aos Filipenses (2,5-8). Essas virtudes vivenciadas com amor e fidelidade só podem ser produzidas e cultivadas pelo Espírito Santo de Deus que habita no cristão. Contudo é nosso dever reconhecer que essa unidade existe, pois é o Espírito que dá força e vida, e age regenerando a vida dos cristãos.

O Espírito Santo é a alma da Igreja que a vivifica, fortalece, guia e santifica. Ele é o comunicador da vida divina e do amor de Deus, que se torna visível e realizável entre os membros do corpo místico (cf. BATTISTINI, 1991).

Para aprofundar e refletir

A constituição conciliar *Lumen Gentium*, sobre a Igreja, assim se manifesta:

> A Igreja em Cristo é como o sacramento e o instrumento da íntima união com Deus e da unidade de toda humanidade, manifesta sua natureza e missão universal, em vista da plena unidade entre os homens, que por sua vez são constituídos num só povo reunido pela unidade do Pai e do Filho e do Espírito Santo pelo vínculo da paz (LG, n. 1).

Esse povo de que nos tornamos membros mediante a fé em Cristo e o Batismo tem por origem Deus Pai; por cabeça, Jesus Cristo; por condição, a dignidade e a liberdade dos filhos de Deus; por lei, o mandamento novo do amor; por missão, a de ser o sal da terra e a luz do mundo; por fim, o Reino de Deus, já iniciado na Terra (cf. CIgC, n. 782).

Ler e meditar:

- ✓ Os números 768 e 866 do Catecismo da Igreja Católica.
- ✓ O número 4 da constituição dogmática *Lumen Gentium*.

4. MEDITANDO A PALAVRA

Pedir que os catequizandos meditem sobre a Palavra que foi proclamada e pensem sobre as questões propostas.

- ✓ O que a Palavra que foi proclamada diz a você?
- ✓ Como você pode viver a humildade e a mansidão?
- ✓ Nós cremos na Igreja de Jesus Cristo? Como manifestamos nossa fé na Igreja?
- ✓ Quem é a Igreja? Quando nos tornamos membros da Igreja?
- ✓ Você consegue perceber a unidade da Igreja? Como?

Aguardar que o grupo pense e responda, e pedir que anotem em seus livros o que consideram mais importante para levar para suas vidas.

Explicar que São Paulo, em diferentes textos, procurou explicar o que é a Igreja, como ela é organizada e como funciona. Mostrar as partes do corpo humano recortadas e, com a ajuda do grupo, construir o quebra-cabeça.

Mostrar aos catequizandos o quebra-cabeça completo, associando o corpo humano à Igreja, e as partes do corpo aos seguidores de Jesus.

Concluir explicando que no Creio professamos nossa fé na Igreja una, santa, católica e apostólica. Cada um de nós é parte da Igreja, que é o corpo de Cristo, e nela somos todos iguais e todos temos uma função.

5. REZANDO COM A PALAVRA

Incentivar os catequizandos a pensarem sobre o que querem dizer a Deus, a partir do texto bíblico que ouviram.

Perguntar: qual oração a Palavra que ouviu faz você se dirigir a Deus?

Em silêncio, cada catequizando fará uma oração pessoal.

Motivar cada um a expressar espontaneamente sua prece; como resposta, todos dizem juntos: *Senhor, ensinai-nos a viver como Igreja de Jesus.*

Recordar que no Creio afirmamos em que acreditamos, as verdades da nossa fé. Convidar para, com calma e atenção, dizerem todos juntos o Creio. Para isso, pode lembrar que a oração está nas páginas finais de seus livros.

Para finalizar, convidar para rezarem juntos pelo fortalecimento da nossa Igreja:

> *Senhor, com a luz e a força do vosso Espírito Santo, conduzis e acompanhais a Igreja peregrina neste mundo, pelos caminhos da história. Nós vos suplicamos, fortalecei-a na unidade e na fidelidade ao seguimento de Jesus. Que ela viva em comunhão com o papa, os bispos e com todo o povo de Deus. Amém.*

Poderá finalizar este momento com um canto sobre a Igreja (o indicado ou outro à sua escolha).

Canto: *A edificar a Igreja* (grupo Agnus Dei).

6. VIVENDO A PALAVRA

Explicar que os membros da Igreja, seguidores de Jesus, precisam procurar imitar o seu jeito de agir. Por isso, como compromisso para esta semana, cada um deverá procurar ter atitudes cristãs: paciência, humildade, a prática do bem e da caridade, entre outras que você achar adequadas.

Lembrar a todos que somos responsáveis por nossa Igreja e devemos ajudá-la a cumprir sua missão no mundo.

Propor que os catequizandos procurem conhecer um pouco mais da comunidade: o que existe de bom e bonito? O que precisa melhorar?

Pedir que anotem suas respostas em seus livros, para partilharem no próximo encontro.

11º ENCONTRO

COMUNIDADE: LUGAR DE VIDA E DE PERDÃO

Sentido do encontro

A comunidade cristã é lugar privilegiado para experiências de amor fraterno, como exercitar o perdão e a caridade, praticar a correção fraterna ou ir ao encontro de quem se afastou do caminho proposto por Jesus. Mateus nos apresenta alguns passos importantes que devemos observar antes de decidirmos a respeito de alguém que tenha cometido um erro.

Objetivo

Compreender a importância da comunidade como lugar de vivência do amor fraterno.

Ambientação

Organizar o espaço em forma circular, um tecido da cor do tempo litúrgico, vela, Bíblia, um vaso com flores, espinhos e pedras.

Acolhida

Acolher os catequizandos com palavras de boas-vindas dirigidas a cada um.

1. OLHANDO PARA A VIDA

Em uma conversa espontânea, pedir que os catequizandos partilhem como vivenciaram o compromisso definido no encontro anterior. Dar espaço para que cada um possa expressar como se sentiu e quais os frutos das suas atitudes.

Perguntar: conseguiram ver o que existe de bom em nossa Igreja? O que precisa melhorar?

2. ORAÇÃO INICIAL

Acende-se a vela...

Iniciar este momento orante convidando o grupo para ouvir um refrão meditativo (o sugerido ou outro à sua escolha).

Refrão: *O Senhor é meu pastor* (Frei Luiz Turra).

Motivar o grupo a fazer o sinal da cruz e, cada um, silenciosamente e com suas palavras, dirigir a Deus uma prece pedindo a graça de saber viver segundo o que a Palavra de Deus pedir e inspirar neste encontro.

Aguardar um momento para que os catequizandos façam suas preces e explicar que irão rezar juntos a oração do Pai-nosso, que nos convida ao amor e ao perdão, atitudes que devemos ter como imitadores de Jesus.

3. ESCUTANDO A PALAVRA

Aclamar a Palavra com um canto à sua escolha (este sugerido ou outro).

Canto: *Tua Palavra é lâmpada para meus pés* (Luis Carlos).

Chamar um catequizando para proclamar o Evangelho segundo São Mateus 18,15-20.

Pedir que todos façam a releitura do texto, em silêncio.

Formar pequenos grupos, com três ou quatro catequizandos, para que contem o que está narrado no texto proclamado com suas palavras. Com uma breve reflexão, contextualizar e explicar aos catequizandos esse texto do Evangelho segundo Mateus. Em *Compreendendo a Palavra,* você irá encontrar subsídios para esta reflexão.

A partir da meditação sobre o texto bíblico, pedir aos catequizandos que reflitam e conversem sobre as perguntas que são propostas e anotem nos seus livros as respostas.

a) Qual frase chamou mais a sua atenção?
b) Sobre o que fala São Mateus no texto que você ouviu?

Compreendendo a Palavra

A correção fraterna tem como objetivo buscar uma forma de recuperar o irmão que se encontra afastado e trazê-lo à convivência comunitária. Mesmo que ele não retorne e/ou seja excluído da comunidade, sendo dessa forma separado da vida comunitária, isso não significa que ele foi abandonado por Deus. A prática da oração pessoal pode unir esse irmão ao Pai. Assim, a oração da comunidade por esse irmão também é um meio para que ele alcance a reconciliação com Deus, pois, como explicado por Jesus: "Onde dois ou três estiverem reunidos em meu nome, ali estarei, no meio deles" (Mt 18,20). Por isso, cabe à comunidade rezar pelos irmãos afastados para que retornem à convivência com o Senhor. Durante sua vida, Jesus nos deu o exemplo dos caminhos que a comunidade deve percorrer com relação àqueles que falham: o perdão, a reconciliação, a acolhida, o amor e a caridade. O ato de perdoar é uma manifestação de fé, nasce a partir do discipulado e nos ajuda a viver em comunhão com nossos irmãos.

Para aprofundar e refletir

O Catecismo da Igreja Católica expõe que a correção fraterna se dá pela confissão das faltas aos irmãos, pela revisão de vida, pelo exame de consciência e pela direção espiritual (cf. CIgC, n. 1435). O documento ainda destaca que a caridade tem como fruto a alegria e a misericórdia, cuja exigência é a benevolência e a correção fraterna (cf. CIgC, n. 1829). Nesse sentido, o Papa Bento XVI (2011) contribui declarando que a correção fraterna tem como núcleo central um dever, que nasce do amor pelo irmão e que, portanto, "há uma corresponsabilidade no caminho da vida cristã: cada um, consciente dos próprios limites e defeitos, está chamado a aceitar a correção fraterna e a ajudar os outros com este serviço especial", em suma, o que o papa nos alerta é que devemos desenvolver o autoconhecimento acerca dos nossos limites e defeitos, e estarmos abertos a acolher as correções que os outros nos fazem para o nosso próprio crescimento. Dessa forma, também nós podemos ajudar os outros realizando a correção fraterna e contribuindo para que superem as suas limitações e ampliem as suas capacidades.

Ler e meditar:

✓ Os textos bíblicos: Romanos 13,8-10; 2Timóteo 3,16-17 e Salmos 94.

4. MEDITANDO A PALAVRA

Explicar ao grupo que a Palavra de Deus sempre nos ensina e que devemos meditá-la para não nos afastarmos do caminho que Jesus nos mostra. Pedir que leiam as questões que estão no livro e, meditando sobre o texto do Evangelho de São Mateus, procurem respondê-las.

✓ O que a Palavra diz para você?
✓ Como você deve agir quando uma pessoa comete um erro?
✓ Qual o ensinamento que esse texto te traz?

Comentar: quando uma pessoa comete um erro, uma falta, é como se ela ficasse entre espinhos e pedras que atrapalham sua vida, sua convivência e sua serenidade. Quando alguém é capaz de entender e viver o perdão e a reconciliação fraterna, a vida se torna mais leve e mais bonita, favorecendo um clima amigo, fraterno e de união. Quando sabemos corrigir com amor a pessoa que, tendo cometido um erro, aceita a correção fraterna e busca não voltar a errar e mudar de vida, ela se sente mais leve, em paz consigo mesma e com os outros, e volta ao seu lugar e à vida na comunidade.

Motivar cada um olhar para si e para sua própria realidade, refletir e responder:

- ✓ Acontece a correção fraterna? Como?
- ✓ Você consegue corrigir de maneira fraterna um amigo quando ele comete um erro? E aceita ser corrigido quando você comete um erro?

Incentivar os catequizandos a anotarem em seus livros alguma ideia que considerem importante para seu crescimento na vida cristã.

5. REZANDO COM A PALAVRA

Explicar que quando escutamos e meditamos a Palavra de Deus, ela nos faz querer responder a Deus conforme o que nos ensina para vivermos a nossa fé.

Motivar os catequizandos a refletirem e anotarem:

- ✓ O que você quer dizer a Deus, depois de ouvir e meditar a Palavra proclamada hoje?
- ✓ Que oração quer dirigir a Deus?

Deixar um tempo de silêncio para a oração pessoal e convidar o grupo para rezar o Salmo 94.

Incentivar o grupo a espontaneamente, pedir perdão a Deus pelas vezes que julgou e não ajudou uma pessoa que se afastou da comunidade. Após cada pedido, todos juntos dizem: *Misericórdia, nosso Deus, perdão! Misericórdia, tende compaixão!*

6. VIVENDO A PALAVRA

Comentar que os gestos de perdão são sempre muito importantes, para quem perdoa e para quem recebe o perdão.

Explicar que, como compromisso deste encontro, cada um irá procurar praticar gestos de perdão ao longo da semana. E, se precisar corrigir alguém, fazer isso em particular, com caridade.

Pedir que anotem como foi a experiência, para ser partilhada com o grupo no próximo encontro.

Para concluir o encontro, dar um abraço em cada catequizando e incentivar que todos se abracem também.

12º ENCONTRO

A FORÇA DO REINO

Sentido do encontro

Jesus usa parábolas para ajudar em sua missão, confrontando os ouvintes com imagens bem conhecidas pelo povo daquela época: a semente de mostarda e o fermento. Com essas imagens, Jesus falou sobre o crescimento e a expansão do Reino de Deus.

Objetivo

Compreender que o Reino de Deus cresce com pequenos gestos e pequenas ações.

Ambientação

Colocar as cadeiras em círculo; um pequeno tecido da cor do tempo litúrgico, vela, Bíblia; sementes de mostarda e um recipiente com fermento para cada catequizando.

Acolhida

Acolher os catequizandos com alegria, entregando, a cada um, um pequeno cartão no qual está escrito: "você é uma semente do Reino de Deus no mundo!"

1. OLHANDO PARA A VIDA

Perguntar ao grupo sobre o que chamou a atenção durante a última semana. De acordo com o que os catequizandos disserem, procurar demonstrar empatia e, se for necessário, esclarecer dúvidas.

Motivar uma partilha com o grupo sobre como foi vivenciado o compromisso do encontro anterior sobre o amor, o perdão e a correção fraterna.

2. ORAÇÃO INICIAL

Acende-se a vela...

Começar este momento de oração com um refrão (este sugerido ou outro à sua escolha).

Refrão: *Indo e vindo, trevas e luz...* (músicas católicas).

Comentar que devemos sempre pedir para sermos capazes de compreender o que Jesus quer nos ensinar, e convidar o grupo para rezarem juntos:

> *Senhor Jesus, abre nossa mente e nosso coração para acolher o que tens a nos propor neste encontro e dá-nos a graça do entendimento para compreendermos teu ensinamento, para fazermos crescer o Reino de Deus no meio de nós. Amém!*

3. ESCUTANDO A PALAVRA

Convidar os catequizandos para ouvirem a Palavra de Deus que será proclamada.

Pode-se escolher uma aclamação ao Evangelho bem conhecida pelo grupo e cantar juntos.

Convidar um catequizando para proclamar o Evangelho segundo São Lucas 13,18-21.

Depois da proclamação, pedir que cada um releia, em silêncio, mais uma vez o texto.

Perguntar: com suas próprias palavras, como vocês explicariam esse texto que leram?

Deixar que o grupo reconte, todos juntos, ajudando se for necessário.

Conduzir uma reflexão sobre o texto de São Lucas, a partir das sugestões no *Compreendendo a Palavra*.

Concluída a reflexão, motivar os catequizandos a pensarem e conversarem sobre as questões que são propostas, anotando as respostas em seus livros.

a) Quais são as duas parábolas contadas por Jesus? Sobre o que Ele fala?

b) A que Jesus compara o Reino de Deus?

Compreendendo a Palavra

O Reino de Deus é algo que cresce lentamente, assim como um grão de mostarda. Com essa parábola, o Senhor nos exorta à paciência, à fortaleza e à esperança, virtudes necessárias àqueles que se dedicam à evangelização. É importante saber esperar o ciclo da semente plantada que, com a graça de Deus e o cuidado humano, vai criando raízes e crescendo até se tornar uma árvore grande e frondosa, refúgio para as aves do céu se aninharem em seus ramos. Existem três aspectos relacionados ao crescimento que podem ser vistos na parábola do grão de mostarda: 1) A semente parece pequena e insignificante no começo. Assim foi quando Jesus começou a anunciar o Reino de Deus, ninguém imaginaria que Ele mudaria o curso da história com suas palavras inspiradoras e transformadoras; 2) A pequena semente contém o centro da vida, visto que, para um grão de mostarda se tornar uma grande árvore, ele precisava conter a belíssima fonte de vida, vindo do Criador. Assim é a Palavra de Deus, mesmo que pareça insignificante para algumas pessoas ela transforma radicalmente a vida dos que creem; 3) É portadora de um grande desenvolvimento, que é visto na mudança que acontece na vida das pessoas, quando elas passam a viver conforme a proposta de Jesus, tornando-se um instrumento de transformação no mundo.

Já na outra parábola, o Senhor comparou o Reino de Deus com uma porção de fermento que uma mulher misturou na massa, em uma grande quantidade de farinha. Com essa comparação, Jesus quer mostrar a serena transformação que o Reino de Deus opera na vida de cada cristão. O fermento é um agente mudo e oculto, mas poderoso. Fica invisível na massa, porém todos podem ver seu efeito. Da mesma forma, é o Reino de Deus reconhecido no coração do cristão. Ainda que pareça invisível no mundo de hoje, está presente e age ativamente, com resultados visíveis com os quais podemos perceber o seu poder e sua presença transformadora.

Para aprofundar e refletir

O Papa Francisco (2017), quando fez a reflexão dizendo que o Reino de Deus se encontra no meio de nós, o comparou com a semente que é semeada, vai crescendo a partir de dentro, e assim também acontece com o Reino de Deus, vai se desenvolvendo escondido no meio de nós. De modo especial, continuou sua reflexão aludindo ao interior da semente de mostarda, a menor entre todas as sementes, no qual há uma força que desencadeia um crescimento inimaginável.

Inspirando-nos na reflexão do papa, entendemos que para o Reino de Deus crescer no meio de nós é necessário que, tal como a semente, que tem em si uma força que desencadeia o seu crescimento, nós estejamos abertos para que o Espírito Santo e sua força atue em nós, deixando-nos imbuir do espírito de mansidão, de humildade, de obediência e de simplicidade. Por isso, é necessário que respondamos à exortação que o papa nos faz de pedir ao Espírito Santo a graça de fazer germinar em nós e na Igreja as virtudes para que a semente do Reino cresça e produza muitos frutos de santidade (cf. FRANCISCO, 2017).

Ler e meditar:

✓ Os números 2819, 541, 2612 e 764 do Catecismo da Igreja Católica.

4. MEDITANDO A PALAVRA

Orientar os catequizandos a lerem as questões apresentadas no livro e meditarem a Palavra, para que possam dar suas respostas pessoais. Depois de algum tempo, pedir que anotem aquilo que consideram importante para a vida cristã, baseados em suas respostas.

✓ O que a Palavra proclamada hoje diz para você?
✓ Qual ensinamento Jesus te dá com essas parábolas?
✓ Você percebe sinais do Reino de Deus em sua família, em sua comunidade, na escola?
✓ De onde vem a força do Reino?

Depois que todos tiverem feito suas anotações, comentar, com suas palavras, que a semente de mostarda é a menor dentre as sementes de uma horta, mas que produz uma árvore muito grande. Explicar que, com a parábola, Jesus compara o Reino de Deus à semente de mostarda: começa pequeno e cresce a cada dia. Porém, para isso, precisamos ter fé e fortalecer a nossa fé com a oração, a leitura orante da Palavra e a participação na vida da comunidade. Lembrar que Jesus afirmou que se nossa fé for do tamanho de um grão de mostarda conseguiremos remover montanhas (cf. Mt 17,20).

Ao dizer que as aves do céu faziam seus ninhos nos ramos da árvore da mostarda, porque era uma árvore muito grande, o evangelista quer nos fazer compreender que o Reino de Deus anunciado por Jesus não faz distinção e abriga todas as pessoas.

Entregar a cada catequizando uma semente de mostarda e explicar que, em casa, cada um irá plantar a semente em um vaso, ou no jardim, e acompanhar o crescimento da planta.

Oferecer um recipiente com fermento a cada um, comentando que o fermento simboliza o desenvolvimento do Reino de Deus dentro de nós: ao crescer, ele influencia nossas atitudes e nossas decisões.

5. REZANDO COM A PALAVRA

Motivar cada catequizando a fazer sua oração pessoal a Deus, a partir da Palavra que foi meditada. Pedir que anotem no livro sua oração para uma partilha no grupo.

Convidar os catequizandos para fazerem juntos uma prece, pedindo que sejam anunciadores de Jesus:

> *Senhor Jesus, conduzido pela força do Espírito Santo, iniciaste a missão de anunciar o Reino de Deus neste mundo. Fazei Senhor, com que ele cresça e se expanda, em nossos corações, para sermos anunciadores de teus ensinamentos. Amém!*

Para concluir, rezar o Salmo 145,10-13.

Canto: *Ó Pai venha a nós* (Frei Luiz Turra).

6. VIVENDO A PALAVRA

Como compromisso para a semana, comentar com o grupo que cada um será um anunciador do Reino de Deus em suas famílias. Para isso, os catequizandos deverão ler com seus pais as duas parábolas meditadas neste encontro e partilhar o que aprenderam.

Cada um irá plantar a semente de mostarda que recebeu, cuidar bem e observar sua transformação e o crescimento da planta.

Pedir que compartilhem com os pais as duas parábolas. Em seguida, deverão plantar semente de mostarda e cuidar dela.

✓ Organizar o rito de acolhida no catecumenato, segundo tempo do processo de Iniciação à Vida Cristã. Prever dia e horário, comunicar aos pais, padrinhos e/ou introdutores.

CELEBRAÇÃO DE ACOLHIDA NO CATECUMENATO

- ✓ *Preparar esta celebração.*
- ✓ *Prever e organizar uma boa acolhida das famílias, em procissão de entrada.*
- ✓ *Motivar a comunidade a acompanhar o rito inicial voltando-se para a porta da igreja.*

Canto: à escolha.

1. ACOLHIDA

Presidente da celebração: Em continuidade do Caminho de Iniciação à Vida Cristã destes catequizandos, celebramos hoje sua adesão em prosseguir com fidelidade no seguimento de Jesus. É um momento de alegria e de Ação de Graça. Queridos catequizandos, vocês já foram batizados e confirmaram vossa fé com o sacramento da Crisma. Agora, vocês estão aqui para firmar vosso compromisso de continuar este itinerário de aprofundamento na vida cristã, conhecendo melhor e amando mais intensamente a pessoa de Jesus Cristo em preparação mais próxima ao Sacramento da Eucaristia.

- ✓ Onde estão os catequizandos que manifestarão, hoje, esse desejo?

Se o número for grande, a resposta poderá ser coletiva.
Se forem poucos, poderá chamar cada um pelo nome.

Catequista: Pedimos que ergam a mão direita aqueles que estão dispostos a abraçar a fé e continuar o Caminho da Iniciação à Vida Cristã.

Catequizandos erguem a mão direta.

2. DIÁLOGO

Presidente da celebração: Catequizandos, o que pedem à Igreja de Deus?

Catequizandos/catecúmenos: A fé.

Presidente da celebração: E essa fé, o que lhes dará?

Catequizandos/catecúmenos: A graça de Cristo e a alegria de viver em comunidade.

Presidente da celebração: Neste início da caminhada, já perceberam que Jesus ama a todas as pessoas e deseja que sejamos irmãos e irmãs uns dos outros. Por isso, agora eu pergunto a vocês: querem continuar neste caminho de conhecimento do projeto de Jesus Cristo?

Catequizandos/catecúmenos: Sim, eu quero.

Presidente da celebração: Vocês descobriram que Jesus chama a cada um e a cada uma pelo seu próprio nome. Vocês querem segui-lo e escutar tudo o que Ele diz?

Catequizandos/catecúmenos: Sim, eu quero.

Presidente da celebração: Vocês, pais, mães e introdutores que nos apresentam hoje estes catequizandos, estão dispostos a ajudá-los a encontrar e seguir o Cristo?

Família: Estou.

Presidente da celebração: E todos vocês, irmãos e irmãs de nossa comunidade, estão dispostos a serem colaboradores na educação da fé de cada um destes catequizandos?

Todos: Estou.

Presidente da celebração: Oremos. Pai de bondade, nós vos agradecemos por estes vossos filhos e filhas que, de muitos modos, inspirastes e atraístes. Eles vos procuraram e responderam, na presença desta santa assembleia, ao chamado que hoje lhes dirigistes. Por isso, Senhor Deus, nós vos louvamos e bendizemos.

Todos: Bendito seja Deus para sempre.

Presidente da celebração: Por manifestarem o desejo de aprofundar a fé cristã, entrem na igreja para participar conosco desta comunidade de fé.

3. ENTRADA NA IGREJA

Abrem-se as portas da igreja. Procissão de entrada com a cruz processional, catequizandos, pais e ou introdutores e a equipe de celebração.

Canto: à escolha.

Presidente da celebração: Queridos catequizandos, Cristo chamou vocês para que o conheçam e tornem-se seus amigos. Lembrem-se sempre d'Ele e procurem ser fiéis aos seus ensinamentos. De agora em diante, esse sinal vai lembrá-los do grande amor de Cristo por vocês.

4. SEGUE O RITO DA MISSA

Em nome do Pai...
Ato Penitencial
Liturgia da Palavra
Liturgia Eucarística

5. PREPARAÇÃO DOS DONS

Na preparação da mesa do altar, pode-se motivar os catequizandos, os pais e os introdutores a participarem da procissão, como gesto de ofertar sua vida e sua disposição em continuar o Caminho de Iniciação à Vida Cristã.

2º TEMPO

CATECUMENATO

13º ENCONTRO

MANDAMENTOS: DEVERES COM DEUS E COM AS PESSOAS

Sentido do encontro

Os mandamentos são indicações para um caminho de fidelidade a Deus e de segurança para o povo viver na liberdade, conforme o desejo de Deus.
Eles têm a ver com a nossa história, com a do povo de Deus. Estão na origem da organização do povo de Deus e desejam mostrar a vontade d'Ele para o seu povo. Não podem ser vistos apenas como proibições, mas como um caminho de vida e liberdade.

Objetivo

Compreender o sentido e a importância dos mandamentos para a nossa vida.

Ambientação

Bíblia, vela, placas de trânsito e sinalização; cartaz com a frase: "Felizes os íntegros em seu caminho, os que andam conforme a Lei de Javé. Felizes os que guardam seus testemunhos, procurando-o de todo o coração" (Sl 119,1-2).

Sugestão: Fixar cartazes com placas de sinalização, por exemplo: na porta da sala, um cartaz no qual está escrito "siga em frente" e com a imagem da placa. Se possível, colocar nos corredores setas indicativas para a turma de catequese, com dizeres como "parada obrigatória", "não vire à esquerda/direita", "conversão proibida". Associar as placas aos versículos do Salmo 119, colocando as citações.

Acolhida

Acolher os catequizandos com um abraço, demonstrando alegria.

1. OLHANDO PARA A VIDA

Perguntar: como viveram o compromisso assumido na última semana? O que gostariam de partilhar com o grupo?

Convidar o grupo para observar os cartazes e placas expostos na sala: o que eles indicam?

Conversar sobre as normas com as quais nos deparamos no dia a dia, na rua, em casa, na escola. Por que existem? Em que ajudam? O que acontece quando essas normas, leis ou orientações não são seguidas? Por quê?

2. ORAÇÃO INICIAL

Acende-se a vela...

Canto: *Dentro de mim existe uma luz* (Pe. Zezinho).

Após um canto inicial (este sugerido ou outro à sua escolha), fazer o sinal da cruz e convidar o grupo para rezarem juntos:

> *"Senhor, faze-me entender e guardar a tua lei, para observá-la de todo o coração"* (Sl 119,34).

Depois de um momento em silêncio, para que os catequizandos tomem consciência do que rezaram, pedir que leiam os versículos do Salmo 119,1-2 que estão escritos no cartaz colocado no centro da sala de encontro.

3. ESCUTANDO A PALAVRA

Motivar o grupo para a escuta da Palavra, comentando que Deus preparou um conjunto de normas para que possamos viver melhor e mais felizes.

Proclamar o texto bíblico de Ex 20,1-17.

Ao terminar a leitura, pedir que o grupo releia mais uma vez, em silêncio, e destaque o primeiro mandamento em suas Bíblias.

Perguntar: o que cada um conhece sobre os mandamentos? Incentivar uma conversa em duplas, para partilhar o que sabem e o que compreenderam sobre o texto bíblico.

Ajudar o grupo a compreender o significado e a importância dos mandamentos para a nossa vida com uma reflexão a partir do *Compreendendo a Palavra* e do *Para aprofundar e refletir*, apresentados na sequência.

Após sua reflexão, pedir que os catequizandos reflitam e conversem sobre as questões propostas, anotando as respostas em seus livros. Ficar atento para intervir, se necessário, contribuindo para que o grupo compreenda o contexto, o significado e a importância dos mandamentos.

a) O que esse texto bíblico apresenta?

b) Qual mandamento você já conhecia? E como você o entende?

c) De que forma Deus age com aqueles que guardam seus mandamentos?

Compreendo a Palavra

Deus chamou Moisés para o ponto mais alto da montanha e lhe entregou suas leis. Descendo a montanha, foi ao povo e proclamou-lhes o que Javé havia observado, a fim de orientá-los, fazê-los observar e guardar em seus corações os Mandamentos da Lei de Deus. Deus pronunciou todas essas palavras dizendo, "Eu sou o SENHOR teu Deus, que te libertou do Egito, lugar de escravidão" (Ex 20,1-2). Nesse lugar, Deus renova sua Aliança com o seu povo Israel. O sinal dessa Aliança são as Tábuas da Lei, escritas pela própria mão de Deus, também conhecidas como o Decálogo (dez mandamentos). Essas são normas que devemos aprender e colocar em prática, a fim de mantermos nossa fidelidade e comunhão com Deus, nossa reciprocidade com o próximo e de estabelecermos a harmonia na sociedade.

Para aprofundar e refletir

De acordo com o Catecismo da Igreja Católica, os dez mandamentos devem ser entendidos como um caminho de vida. Eles são normas dadas pelo Senhor, e visam à vivência da liberdade dos filhos de Deus, indicando condições que, se bem vividas pela observância das normas propostas a eles, poderão alcançar a salvação (cf. CIgC, n. 2057 e 2068). Os dez mandamentos servem para ensinar a verdadeira humanidade do ser humano, revelam os seus deveres fundamentais para com Deus e para com o próximo, refletem o amor de Deus pelo ser humano na sua caminhada. Assim, orientados pela sua Palavra, todos nós podemos seguir livres na sua graça e fortalecidos na oração quando pedimos para que "não nos deixeis cair em tentação e livrai-nos do pecado e do mal".

Ler e meditar:

✓ Os números 2056-2063 e 2070 do Catecismo da Igreja Católica.

4. MEDITANDO A PALAVRA

Orientar o grupo a reler atentamente as questões apresentadas no livro e pensar com cuidado sobre as respostas a cada uma delas.

✓ O que a Palavra diz a você?
✓ Como são suas atitudes com relação ao que dizem os mandamentos?
✓ Pense nas situações que exigem regras. Você consegue respeitá-las sempre ou só as obedece diante de outras pessoas?

Pedir que cada um anote em seu livro uma ideia ou um versículo que considere importante para viver como cristão. Incentivar uma partilha com o grupo dessas ideias.

Mostrar ao grupo que há diferença entre o texto que foi lido (Ex 20,1-17), no qual estão descritos os mandamentos, e a maneira como normalmente nós os apresentamos. Explicar destacando as diferenças e semelhanças.
Comentar que os mandamentos são normas que devemos aprender e colocar em prática, a fim de mantermos nossa fidelidade e comunhão com Deus, nossa reciprocidade com o próximo e para estabelecermos a harmonia na sociedade.

5. REZANDO COM A PALAVRA

Explicar que quando rezamos e abrimos nosso coração a Deus, conseguimos identificar nossas fraquezas e nos voltamos para Ele dizendo: "eu creio, mas aumentai a minha fé". Pedimos que Ele aumente a nossa fé para nos fortalecermos. Devemos permanecer confiantes na graça de Deus para perseverarmos no caminho que Ele nos propõe.

Diante disso, perguntar ao grupo: o que a Palavra que ouviram hoje, apresentando os mandamentos, faz você dizer a Deus? Em silêncio, dirigir sua prece a Deus.

Pedir que cada um ouça com atenção, em atitude orante, a música *Os Mandamentos* (Pe. Zezinho) e, ao final, repetir aquilo que mais chamou a atenção.

Finalizando este momento de oração da Palavra, convidar para rezar juntos o Salmo 116,10-19.

6. VIVENDO A PALAVRA

Fazer uma breve recordação daquilo que foi comentado no encontro e perguntar: como a Palavra que foi proclamada no encontro ensina cada um a viver?

Orientar os catequizandos sobre os diferentes momentos do compromisso para a semana. Explicar que cada um desses momentos irá ajudá-los a viver de maneira mais parecida com aquela desejada por Deus para seus filhos.

Pedir para, durante a semana, pensar: qual mandamento preciso observar mais? Por quê?

Solicitar que, todos os dias, ao acordar ou antes de se deitar, leiam o primeiro e o quarto mandamentos e reflitam como têm sido minhas atitudes na família e na escola? Tenho obedecido às regras de casa e da sala de aula? O que devo mudar?

Solicitar aos catequizandos que pesquisem na internet com seus familiares a letra da música *Os Mandamentos*. Pedir para lerem e conversarem com os pais sobre o conteúdo apresentado.

14° ENCONTRO

PERMANECEI NO MEU AMOR

Sentido do encontro

Permanecer no amor de Deus é algo muito importante para nós e para as nossas comunidades. O texto do Evangelista João (Jo 10,30), muito rico e profundo, é valioso para a vida das comunidades cristãs, especialmente nos momentos de crise e de desânimo na vivência da fé.

Objetivo

Compreender a necessidade de nos mantermos unidos a Cristo, para produzirmos frutos bons.

Ambientação

Bíblia, vela; cartaz ou faixa com a frase: "Permanecei no meu amor". Se for possível, um ramo de videira e uvas.

Acolhida

Receber os catequizandos demonstrando alegria por reencontrá-los.

1. OLHANDO PARA A VIDA

Recordar o tema do encontro anterior e provocar uma partilha sobre os diferentes momentos do compromisso assumido para a semana.

Para introduzir o tema deste encontro, perguntar: quem sabe o que é uma videira? Que fruto ela produz? Quem já viu uma videira?

2. ORAÇÃO INICIAL

Acende-se a vela...

Iniciar a oração com o sinal da cruz e repetir algumas vezes um refrão à sua escolha.

Convidar os catequizandos para juntos pedirem ao Senhor que os ajude a permanecerem sempre unidos a Ele, rezando a oração:

Senhor, Pai de bondade, ajudai-nos a permanecer sempre unidos a vós. Ajudai-nos também, Senhor, a permanecermos firmes na oração, na escuta da vossa Palavra, no cuidado com o próximo, para que juntos produzamos bons frutos na propagação do vosso Reino. Amém.

3. ESCUTANDO A PALAVRA

Animar os catequizandos para a escuta da Palavra com um canto de aclamação alegre e bem conhecido por todos.

Convidar um catequizando para proclamar o Evangelho segundo São João 15,1-6.

Em seguida, pedir que cada catequizando leia um versículo do texto bíblico.

Fazer uma reflexão dialogando com os catequizandos, a partir das sugestões indicadas em *Compreendendo a Palavra*.

Concluída a reflexão, motivar os catequizandos a meditarem sobre o texto bíblico e pensarem que respostas darão às questões apresentadas. Em seguida, anotá-las nos seus livros.

a) O que mais chamou sua atenção no texto? O que você pensa sobre ele?
b) Quantas vezes a palavra "permanecer" aparece no texto?
c) O que diz a você essa Palavra que ouviu hoje?

Compreendo a Palavra

É importante observar que Jesus não se apresenta simplesmente como videira, mas como "a videira verdadeira". O significado principal dessa parábola aponta para o nosso relacionamento com Cristo e a dependência que temos dele. A ligação dos ramos da videira é a relação que devemos ter com Jesus Cristo, com o Pai. Desligados, secaremos, deixaremos de produzir e sermos agradáveis aos olhos de Deus. Sem seus preceitos, ficaremos distantes, fechados para a graça. Endurecidos e sem a paz de Cristo, não enxergamos o próximo e muito menos Jesus no outro. Portanto, permaneçamos conectados a Jesus Cristo, recebendo alimento diariamente, produzindo bons frutos, benevolentes com o próximo, em atitudes de oração. Assim, agradaremos a Deus. Como uma árvore cuja raiz não vemos, mas sabemos que lá está, dando segurança e alimento, assim é Deus, é Cristo, inseparavelmente. Cristo, o tronco, nos conecta ao Pai e nos convida a permanecer em seu amor e, em seguida, mostra-nos qual o caminho a seguir para permanecermos nele: "Se guardardes os meus mandamentos, permanecereis no meu amor [...]" (cf. Jo 15,10-13). O modelo que temos para nos relacionarmos com Deus vem do próprio Filho Jesus Cristo, que insiste constantemente em seus ensinamentos que devemos permanecer ligados a Ele e que as suas palavras devem permanecer em nós, pois o maior desejo do Pai é que nos tornemos discípulos e discípulas de Jesus e, assim, produzamos muito fruto (cf. MESTERS, OROFINO, LOPES, 2000).

Para aprofundar e refletir

Um dos grandes desafios que o Senhor nos propõe quando fala da parábola da videira e dos ramos é estabelecer com seus seguidores o vínculo da permanência no seu amor. O resultado desse vínculo é a condição de irmãos que os membros de sua comunidade devem adquirir (cf. DAp, n. 132). Com a parábola da videira e dos ramos (cf. Jo 15,1-8), Jesus revela o tipo de vínculo que Ele oferece e que espera dos seus. Não quer um vínculo como "servos" (cf. Jo 8,33-36), porque "o servo não conhece o que seu Senhor faz" (Jo 15,15). O servo não tem entrada na casa de seu amo, muito menos em sua vida. Jesus quer que seu discípulo se vincule a Ele como "amigo" e como "irmão". O "amigo" ingressa em sua vida, fazendo-a própria. O amigo escuta Jesus, conhece o Pai e faz fluir sua vida (Jesus Cristo) na própria existência (cf. Jo 15,14).

Ler e meditar:

- ✓ Os números 132 e133 do Documento de Aparecida.
- ✓ O texto do Evangelho de João 8,33-36.

4. MEDITANDO A PALAVRA

Incentivar o grupo a ler as questões propostas no livro, meditar a Palavra que ouviu, conversar com os colegas e dar respostas pessoais.

- ✓ O que Jesus quer ensinar com a Palavra que você hoje ouviu?
- ✓ O que significa permanecer no amor de Deus?
- ✓ Como você pode permanecer nessa relação com o Senhor?
- ✓ O que afasta você do amor de Deus e impede que permaneça nele no cotidiano da sua vida?

Pedir que cada um anote em seu livro as ideias mais importantes para sua vida cristã.

5. REZANDO COM A PALAVRA

Convidar para um momento de silêncio no qual cada um, refletindo a Palavra que ouviu neste encontro, irá pensar na oração que está em seu coração e quer dirigir a Deus.

Motivar a escutarem, com atenção, a música *Eu sou a videira* (Fr. Luiz Carlos Susin).

Em seguida, pedir que cada um, motivado pelo texto bíblico e por essa música, dirija a Deus uma prece: pode ser um louvor, um pedido de perdão ou uma súplica.

Finalizando este momento, incentivar a partilha das preces.

6. VIVENDO A PALAVRA

Explicar que o compromisso para esta semana está baseado em *permanecer* e *amar*.

- ✓ O que cada um fará durante esta semana para permanecermos no amor de Deus e viver os ensinamentos que aprendeu no encontro de hoje?
- ✓ Como é possível amar o próximo como Deus nos ama?
- ✓ Ler e rezar em casa, com os pais, o texto da Palavra de Deus meditado neste encontro.

15º ENCONTRO

O TESTEMUNHO DE JOÃO BATISTA

Sentido do encontro

O Tempo do Advento, tempo próprio de preparação ao Natal do Senhor Jesus, é um convite para meditar sobre o mistério da Encarnação do Senhor: um Deus que vem ao nosso encontro. João Batista nos aponta Jesus como aquele que tira o pecado do mundo.

Objetivo

Reconhecer a importância do Tempo do Advento como preparação para celebrar o Natal do Senhor Jesus.

Ambientação

Bíblia, vela, tecido da cor roxa (Advento), uma bacia com água, materiais para construir um caminho com pedras e areia. Este caminho deverá ir da porta até o meio da sala, ou até o ambão ou lugar onde será proclamado o texto bíblico.

Acolhida

Acolher os catequizandos com abraços e palavras que demonstrem alegria por revê-los.

1. OLHANDO PARA A VIDA

Perguntar aos catequizandos sobre o compromisso assumido no último encontro.

Incentivar uma conversa sobre o que cada um decidiu fazer e como se sentiu: descobriram como podem amar o próximo como Deus ama cada um de vocês? Como?

Perguntar: o que têm percebido de diferente nas casas, nas lojas, na escola? O que isso pode significar?

Comentar que as pessoas se preparam para o Natal. E, como o Natal é muito importante para nós, cristãos, esse é um tempo especial de espera para celebrar a vinda do Senhor que veio morar no meio de nós.

2. ORAÇÃO INICIAL

Acende-se a vela...

Motivar para um momento de oração com um refrão meditativo (este sugerido ou outro à sua escolha).

Refrão: *Vem, Senhor Jesus, o mundo precisa de ti* (Fr. Ari Tognon).

Orientar a fazerem juntos o sinal da cruz e pedir que os catequizandos permaneçam em silêncio, abrindo-se à presença de Deus.

Convidar o grupo a repetir este versículo bíblico: "Clama uma voz: abram no deserto um caminho para o Senhor. Na região da terra seca, aplainem uma estrada para o nosso Deus" (Is 40,3).

Para ajudar a interiorização e preparar para o tema do encontro, propor um canto que remeta a esse tempo de espera e de esperança (semelhante à sugestão apresentada).

Canto: *É tempo de ser esperança* (Pe. Zezinho).

3. ESCUTANDO A PALAVRA

Convidar um catequizando para proclamar o Evangelho segundo São João 1,19-34.

Orientar a proclamar o texto enquanto anda pelo caminho construído no local do encontro.

Depois da proclamação, pedir que cada catequizando leia o texto em sua Bíblia, em silêncio. Para auxiliar o grupo a entender a Palavra proclamada, fazer uma pequena reflexão a partir das ideias apresentadas em *Compreender a Palavra.*

Orientar os catequizandos a pensarem sobre as questões que estão no livro e anotarem suas respostas.

a) O que o texto diz a você?
b) Quem é Elias, conforme o texto do evangelista João?
c) Você sabe o que é um profeta? O que ele faz?
d) Qual foi o testemunho de João Batista?

Canto: *João Batista precursor* (Fr. Luiz Turra).

Compreendo a Palavra

João Batista foi o escolhido e o enviado de Deus para ir à frente preparar os caminhos e testemunhar a vinda de Jesus Cristo.

Na época em que João Batista começou a pregar, os judeus estavam esperando o Messias, com a firme convicção de que viria para libertá-los da miséria e da dominação estrangeira. Seu anúncio provocou um grande alvoroço nas autoridades religiosas, a ponto de mandarem investigar se João pretendia ser o Messias. No entanto, João nega sê-lo, denuncia as injustiças das autoridades e as preocupa com a notícia de que a chegada do Messias está próxima e de que Ele vem com o firme propósito de inaugurar um novo tempo para o povo. João Batista pregava, no deserto, um batismo de arrependimento e de conversão e anunciava que chegaria alguém muito maior do que ele. Revestido de grande humildade e obediente aos desígnios de Deus, não se deixou levar pela vaidade quando lhe questionavam e lhe davam títulos. Ele afirmava: "É necessário que Ele cresça e eu diminua" (Jo 3,30). O deserto, do qual João falava, simbolizava o vazio que haveria de ser preenchido com a presença do Messias. "Jesus é o servo sofredor, anunciado pelos profetas, e que deveria sacrificar a sua vida em prol de seus irmãos. É o Cordeiro de Deus, que tira o pecado do mundo e tem a missão de libertar o povo da escravidão em que se encontra e conduzi-lo à uma vida na liberdade" (cf. BÍBLIA SAGRADA, 1990, p. 1292).

Para aprofundar e refletir

Quando João Batista anunciava a vinda do Messias e que com a sua chegada muitas vidas seriam transformadas, o povo de Israel vivia sobre a dominação romana e era maltratado e explorado em sua própria pátria. Segundo o Papa Francisco, é como se os israelitas ainda estivessem no exílio. A pessoa que, nas provações da fé e dificuldades da vida, permanecer fiel em Deus e nunca perder a esperança, acreditando que o Senhor está ao seu lado, conseguirá resistir às intempéries da vida (cf. FRANCISCO, 2016, p. 10-11).

Ler e meditar:

- ✓ Evangelho de Mateus 3,3-17 e Isaías 49,1-6.
- ✓ Os números 535, 536 e 537 do Catecismo da Igreja Católica.

4. MEDITANDO A PALAVRA

Orientar os catequizandos a lerem as questões propostas e meditar a partir da Palavra proclamada, dando suas respostas pessoais.

- ✓ Como você pode testemunhar Jesus no Natal e no cotidiano da sua vida?
- ✓ O que você entende por "endireitai o caminho do Senhor"?
- ✓ Qual a postura de João Batista e o que ele dizia de si mesmo?

Aguardar um tempo para que o grupo pense sobre suas respostas e pedir que anotem em seus livros o que consideram importante para suas vidas.

Dar espaço para uma partilha com o grupo daquilo que cada um anotou.

5. REZANDO COM A PALAVRA

Motivar os catequizandos a pensarem: o que a Palavra de Deus os faz rezar hoje? Qual é a sua prece, a sua súplica?

Orientar que escrevam a sua prece e depois deixar que cada um se expresse espontaneamente, com liberdade.

Convidar o grupo para que, em duplas, aproximem-se da bacia com água. Pedir que cada um molhe seus dedos na água e faça o sinal da cruz na fronte do colega, repetindo todos juntos estas palavras, que você, catequista, irá dizer: "Com coragem e convicção, testemunhem com ações e verdade que Jesus Cristo é o Redentor e o Salvador do mundo".

Finalizar esse momento celebrativo com um canto adequado (pode ser o sugerido ou outro à escolha).

Canto: *Natal é conversão* (José Acássio Santana).

6. VIVENDO A PALAVRA

Questionar os catequizandos: o que Palavra de Deus que você ouviu neste encontro pede para você viver?

Escrever o compromisso que cada um pode assumir a partir deste encontro.

Perguntar: como sua família se prepara para viver o Natal?

Sugerir ao grupo para conversar em casa sobre o tema deste encontro, perguntando aos pais como podem dar testemunho, a exemplo de João Batista.

Motivar os catequizandos a rezarem, durante a semana, por suas famílias e para que todas as pessoas se aproximem de Jesus e vivam como Ele ensinou.

16º ENCONTRO

JOSÉ, HOMEM DE FÉ

Sentido do encontro

Entre tantas pessoas de quem a Bíblia fala, encontramos a figura de José. No silêncio de sua vida, viveu na fidelidade, na escuta da vontade de Deus. Ele aceitou, mesmo sem compreender, mas pela fé, o projeto de Deus e seus desígnios.

Objetivo

Compreender a importância da atenção e da fidelidade à vontade de Deus.

Ambientação

Bíblia em destaque, vela, tecido da cor litúrgica, imagem ou quadro de São José.

Acolhida

Fazer uma acolhida bem calorosa aos catequizandos.

1. OLHANDO PARA A VIDA

Perguntar: como foi a conversa com os pais sobre o testemunho de João Batista? Que ideias surgiram na conversa? Que compromisso cada um assumiu? Como foi a experiência?

Procurar identificar o que o grupo conhece sobre José, pai adotivo de Jesus: o que sabem sobre ele? O que já ouviram falar sobre as atitudes de José?

Comentar que José será o tema deste encontro.

2. ORAÇÃO INICIAL

Acende-se a vela...

Para iniciar a oração, convidar o grupo para ouvir um refrão meditativo sobre a confiança em Deus (este sugerido ou outro à sua escolha).

Refrão: *Confiemo-nos ao Senhor* (Taizé).

Fazer o sinal da cruz e pedir que os catequizandos, abaixando a cabeça e em silêncio, conversem com Deus e agradeçam a fé e todos os dons que d'Ele receberam.

Depois de um momento de silêncio, rezar todos juntos, como irmãos e irmãs, o Pai-nosso.

3. ESCUTANDO A PALAVRA

Escolher um canto de aclamação para preparar a proclamação do Evangelho. O texto poderá ser proclamado por um catequizando ou por você, catequista.

Proclamar o Evangelho segundo São Mateus 1,18-25.

Após a proclamação, pedir que os catequizandos releiam este Evangelho em suas Bíblias e destaquem as palavras difíceis e o versículo que mais tiver chamado a atenção de cada um.

Terminada a leitura individual, perguntar quais palavras foram marcadas pelo grupo e explicar o seu significado.

Fazer uma breve meditação sobre esta passagem do Evangelho segundo Mateus, conforme ideias apresentadas na sequência.

Depois da reflexão, pedir que os catequizandos leiam com atenção as perguntas propostas, pensem sobre elas, conversem dois a dois e anotem suas respostas.

a) O que sabemos sobre a vida de José? O que planejava para sua vida?

b) Como estava projetada a vida de José até perceber que Maria esperava um filho?

c) Qual foi a promessa que José recebeu em sonho?

d) O que muda na vida de José e de Maria, com base no relato que ouvimos?

Compreendendo a Palavra

O Segundo Testamento tem como característica principal o cumprimento das profecias anunciadas no Primeiro Testamento. Cerca de quase 800 anos antes, o profeta Isaías já anunciava a vinda do Filho de Deus feito homem, nascendo de uma virgem. Seria ele o Emanuel, Deus conosco. Ora, sabemos que a virgem escolhida para ser a mãe do Senhor foi Maria, uma jovem da Galileia que, como consta no texto desse encontro, estava prometida em casamento a um homem chamado José. Pela tradição da Igreja, temos o conhecimento de que uma característica de José era a de ser um homem muito justo. No entanto, ainda não haviam se casado, e estava diante da situação de sua futura esposa estar grávida e por isso corria o risco de ser apedrejada. José pretendia deixá-la, porém, Deus enviou um anjo mensageiro, explicando ao carpinteiro o plano de salvação de seu povo. A decisão de José revela outra forte característica dele: a fé. José, sem questionar ou duvidar, aceita a missão de ser guardião da Sagrada Família e acredita assim nos planos de Deus. Seu silêncio é um enorme exemplo: não há em nenhum relato bíblico uma frase ou palavra que ele tenha dito, porém o seu exemplo é o que mais nos vale. Cumpriu-se assim as promessas realizadas a Davi, pois José era de sua descendência. Sabendo da sua missão, ele deixa seus projetos e acolhe a mensagem enviada por Deus. O Evangelho destaca no fim que, ao acordar, ele fez conforme o anjo havia orientado. José viveu uma dupla missão: ser pai adotivo de Jesus e guardião da Sagrada Família. Pode-se ainda destacar a humanidade de São José. Como carpinteiro e homem de grande fé, ele aceita os desígnios de Deus.

Para aprofundar e refletir

Os papas sempre mostraram fiel devoção à figura de São José. Entre eles, destaca-se São João Paulo II, que escreveu, no ano de 1989, uma exortação apostólica dedicada ao queridíssimo pai nutrício de Jesus, intitulada *Redemptoris Custos*, sobre a figura e missão de São José na vida de Cristo e da Igreja:

> São José foi chamado por Deus para servir diretamente a pessoa e a missão de Jesus, mediante o exercício da sua paternidade: desse modo, precisamente, ele "coopera no grande mistério da Redenção, quando chega a plenitude dos tempos", e é verdadeiramente "ministro da salvação" (RC, n. 8).

A liturgia nos recorda que a São José foi confiada a guarda do Filho de Deus e os mistérios da salvação, sendo ele constituído chefe da sua família. Foi para garantir a proteção paterna a Jesus que Deus escolheu José como esposo de Maria. Por conseguinte, sua paternidade o coloca em uma relação mais próxima de Cristo, termo de toda e qualquer eleição e predestinação (cf. Rm 8,28-29). A sua paternidade se expressou como um serviço à Encarnação, à doação total de si mesmo, de seu trabalho, e também em fazer de sua vocação humana um amor familiar na oblação de si, de seu coração, de suas capacidades e na dedicação à família que Deus lhe confiou. José viveu no escondimento, em uma atitude de silêncio que revela seu perfil interior, levando uma vida de contemplação, sempre atento à voz do anjo e à vontade de Deus. É chamado de homem justo, de carpinteiro, e, portanto, homem trabalhador. Por isso é tido como "padroeiro dos trabalhadores", e, pela fidelidade à sua esposa e dedicação paternal a Jesus, é eleito o "padroeiro das famílias", emprestando seu nome a muitas igrejas e lugares ao redor do mundo.

O evangelista põe em relevo que o pai e a mãe de Jesus estavam "admirados com as coisas que se diziam dele" (Lc 2,33); e, em particular, com o que Simeão disse em seu cântico dirigido ao Senhor, indicando Jesus como "a salvação preparada por Deus em favor de todos os povos" e "luz para iluminar as nações e glória de Israel, seu povo"; e, mais adiante, também como "sinal de contradição" (Lc 2,30-34).

Após a apresentação no Templo, o Evangelho de Lucas relata: "Depois de terem cumprido tudo segundo a lei do Senhor, voltaram para a Galileia, para a sua cidade de Nazaré. Entretanto, o menino crescia e robustecia-se, cheio de sabedoria, e a graça de Deus estava com ele" (Lc 2,39-40).

Ler e meditar:

✓ Os números 8, 25 e 32 da exortação apostólica *Redemptoris Custos*, de João Paulo II.

4. MEDITANDO A PALAVRA

Sugerir ao grupo que leiam as perguntas apresentadas e meditem sobre cada uma delas, à luz da Palavra proclamada.

✓ O que a Palavra diz a você? E para a sua vida?
✓ Qual ou quais os exemplos que José te transmite para os dias de hoje?
✓ O que significa para você deixar seus projetos e assumir o projeto de Deus, fazendo a sua vontade?
✓ O que você tem feito para perceber os sinais de Deus em sua vida?

Reservar um tempo para que o grupo possa meditar e responder. Depois, incentivar que escrevam, em seus livros, as ideias que consideram importantes para viver segundo a vontade de Deus.

5. REZANDO COM A PALAVRA

Motivar a, em silêncio, cada um fazer uma prece a Deus, de súplica ou de louvor ao Senhor. Movidos pela fé, cada um irá fazer uma prece espontânea pedindo a intercessão de São José. Após cada prece, orientar que todos juntos peçam: *São José, rogai por nós!*

Convidar os catequizandos para ouvirem um canto dedicado a São José e, em seguida, orientar que, de mãos estendidas em direção à vela que está no encontro, demonstrando gratidão pelo dom da fé que receberam, recitem o Creio.

Para finalizar a oração, motivar a rezarem todos juntos o Salmo 88(89),1-10.

6. VIVENDO A PALAVRA

Perguntar: a partir do que conheceram e rezaram neste encontro, o que mais inspira vocês para serem como São José, uma pessoa de fé?

Motivados pelo exemplo de São José, que compromisso cada um se propõe a assumir?

Pedir que cada catequizando traga, no próximo encontro, uma foto da família para compor a ambientação do encontro.

17º ENCONTRO

A FAMÍLIA DE NAZARÉ: LUGAR DE ACOLHIDA

Sentido do encontro

Deus quis nascer no seio de uma família, e Maria e José são sinais de acolhida ao projeto da redenção. Nossas famílias devem ser um novo sim à vontade do Criador.

Objetivo

Compreender que a família é lugar de acolhida e de experiência de Igreja doméstica, a exemplo da família de Nazaré.

Ambientação

Bíblia em destaque, vela, imagem (ou gravura) da Sagrada Família, flores e fotos das famílias dos catequizandos ao redor da Palavra.

Acolhida

Acolher cada catequizando dizendo com alegria: "Que bom que você está aqui!"

1. OLHANDO PARA A VIDA

De maneira leve e descontraída, fazer um momento de recordação do encontro anterior.

Perguntar: como cada um vivenciou o compromisso que assumiu? Encontrou alguma dificuldade?

Incentivar uma conversa entre os catequizandos:

- ✓ O que cada um entende por família?
- ✓ Como é a sua família? Apresentar seus familiares mostrando as fotos que trouxe.
- ✓ Do que você mais gosta em viver com sua família? Por quê?
- ✓ Para você, o que é mais difícil de viver na família? Por quê?

2. ORAÇÃO INICIAL

Acende-se a vela...

Iniciar a oração motivando o grupo a olhar para a imagem (ou gravura) da Sagrada Família, enquanto ouvem um canto.

Canto: à escolha.

Fazer o sinal da cruz e convidar para rezarem todos juntos a oração do Pai-nosso.

3. ESCUTANDO A PALAVRA

Pedir que os catequizandos ouçam com atenção a proclamação do Evangelho segundo São Lucas 2,1-14, que você, catequista, irá realizar.

Após a proclamação, orientar os catequizandos para que cada um leia um versículo desse texto. Depois, pedir que, em silêncio, façam uma leitura individual.

Começar a contar o fato narrado no texto proclamado, com suas palavras, e deixar que o grupo continue.

Com a participação dos catequizandos, fazer uma reflexão sobre essa passagem do Evangelho, baseando-se no subsídio apresentado em *Compreendendo a Palavra*.

Concluída a reflexão, orientar os catequizandos a lerem as questões propostas e conversarem sobre elas com os colegas, anotando as respostas no livro.

- a) Em que situação aconteceu o fato narrado na passagem que foi lida?
- b) A quem foi dirigido o primeiro anúncio do nascimento de Jesus? Quais as palavras utilizadas pelo anjo?
- c) Qual foi a expressão utilizada pelo coro dos anjos?

Compreendendo a Palavra

O nascimento de Jesus é uma grande catequese para nós. São inúmeros os sinais de Deus nessa cena evangélica. Jesus era Rei, e seu reinado já havia sido predito pelos profetas muitos anos antes de sua Encarnação. Porém, seu nascimento expressa a humildade desse reinado. Enquanto os príncipes nasciam no luxo e na potestade dos palácios, o Filho de Deus nasce na simplicidade. Não havia sequer lugar para ficarem hospedados. Foi em uma gruta, deitado em uma manjedoura, que o Rei dos reis foi acomodado. Foi no cocho dos animais, ali onde se alimentavam, que Deus nos deu o pão da vida eterna, nosso alimento de salvação.

A figura dos pastores presentes nesse Evangelho também é simbólica. Os pastores, naquele tempo, não possuíam boa fama, eram excluídos e até marginalizados da sociedade, ficando fora das cidades. Porém foi a eles que, na noite escura e fria de Belém, um mensageiro do Senhor foi enviado anunciando a maravilha operada: o rebento da descendência de Davi, aquele que salvaria seu povo, nasceu. Os pastores, admirados com tal sinal, vão e encontram tudo aquilo que o anjo lhes havia falado. São sinais de acolhida frente a uma sociedade que ignorou a parturiente e seu sofrimento diante da situação de parto.

Para aprofundar e refletir

A Igreja sempre olhou, com singular devoção, para a Sagrada Família, vendo nela o modelo salutar de comunidade. Nossas famílias podem buscar nesse modelo um testemunho e um sinal de uma família que vive a comunhão. Sabemos que a realidade atual das nossas famílias nem sempre reflete o modelo da família de Nazaré, mas é nela que se aprendem os valores humanos, cristãos e como utilizar retamente a própria liberdade. O melhor meio de evangelização é uma família servir de exemplo à outra, trazendo exercícios de amor, acolhida e compreensão. A família sempre terá seu lugar de guia, acompanhamento e apoio, sendo constantemente desafiada a encontrar novas maneiras de educar os filhos na fé, preparando-os para enfrentar a realidade do mundo exterior que os desafia. É responsabilidade dos pais ou responsáveis ter o cuidado com os conteúdos e influências consumidos pelos seus filhos.

Ler e meditar:

- ✓ Os números 58 e 260 da exortação apostólica *Amoris Laetitia*: sobre o amor na família, do Papa Francisco.
- ✓ Os números 2205 e 2207 do Catecismo da Igreja Católica.

4. MEDITANDO A PALAVRA

Incentivar o grupo a ler as questões do livro e pensar sobre elas para dar suas respostas pessoais.

- ✓ O que a Palavra fala a você no contexto de hoje?
- ✓ Quais são os sinais que encontramos no nascimento de Jesus?
- ✓ O que mais chamou sua atenção nesse fato do nascimento de Jesus?
- ✓ Quais características da vida de José e de Maria você julga importantes e que podemos destacar?

- ✓ Os pastores acolheram a mensagem do anjo e partiram apressadamente para verem o menino. E você, estaria disposto a ir de imediato ao encontro do Senhor?
- ✓ Você se considera uma pessoa acolhedora? Por quê?
- ✓ A Sagrada Família não encontrou acolhida em nenhuma hospedaria. E hoje, como a sociedade acolhe as pessoas?
- ✓ Quem nós acolhemos mais e melhor?

Pedir que cada um escreva em seu livro o que considera importante e quer levar para a vida.

Ajudar o grupo a entender a importância das figuras materna e paterna que acolheram o menino Jesus e cuidaram da sua formação. Lembrar que a família é espaço de acolhida e de fraternidade entre todos os que vivem juntos, como primeira comunidade cristã: é a Igreja doméstica.

O catequista poderá aproveitar este momento para apresentar ao grupo a Pastoral Familiar, contando aos catequizandos o trabalho desenvolvido por essa pastoral na paróquia/capela. Para isso, procurar se informar antes sobre quais atividades são desenvolvidas.

5. REZANDO COM A PALAVRA

Motivar o grupo a observar, em silêncio, os símbolos presentes na sala e pensar o que eles representam para cada um, o que os fazem pensar.

Perguntar: o que cada um quer dizer a Deus a partir deste encontro? Que oração está no coração e na mente de cada um?

Aguardar um tempo para os catequizandos pensarem e fazerem suas orações, depois motivar uma partilha.

Comentar com os catequizandos que devemos nos lembrar sempre de rezar por nossas famílias e por todas as famílias do mundo, e convidar para ouvirem ou cantarem juntos a *Oração pela família* (Pe. Zezinho).

Lembrar que os salmos são orações do povo de Deus e também neles as famílias são lembradas; com esse comentário, convidar para rezarem juntos o Salmo 128(127).

6. VIVENDO A PALAVRA

Comentar com o grupo que a Igreja realiza muitas ações com as famílias diretamente, além de muitas outras em seu benefício.

Explicar que o compromisso para esta semana será procurar se informar e conhecer os grupos que existem na paróquia/comunidade que realizam algum trabalho com as famílias. Para isso, orientar que conversem com os coordenadores, para conhecerem o que fazem esses grupos. No próximo encontro, cada um irá trazer o nome do grupo, do coordenador e o serviço que realiza.

Em casa, cada um irá procurar conversar com os familiares sobre a importância da família e ler com eles o Salmo 128(127).

- ✓ No fim deste encontro, desejar a todos um Feliz Natal, boas férias e, se possível, anunciar a data em que deverão retornar no ano seguinte. Lembrar a importância de todos participarem, no início do ano, da celebração da Quarta-feira de Cinzas.

18º ENCONTRO

PROSSEGUIR NO CAMINHO COM JESUS

Sentido do encontro

Estamos retomando nossa caminhada de fé, de continuidade do nosso itinerário catequético. A Quaresma é o tempo que nos ajuda a fortalecer nossa decisão de prosseguir com Jesus no caminho que Ele nos propõe, provado em sua missão, mas fortalecido pela Palavra.
Jesus enfrenta desafios e provações, mas, diante de todos eles, mostra sintonia com a vontade de Deus e manifesta-se contra soluções simples e enganadoras que, no final, promovem dominação e violência. Jesus não tenta manipular a Deus nem age no sentido de conseguir privilégios.

Objetivo

Compreender que a Palavra de Deus dá forças para podermos resistir aos apelos do mundo.

Ambientação

Bíblia, vela, cinzas, tecido roxo, cartaz com o tema da Campanha da Fraternidade.

Acolhida

Manifestar alegria e carinho ao acolher os catequizandos no retorno das férias.

1. OLHANDO PARA A VIDA

Conversar com o grupo sobre como viveram o tempo de Natal e as férias. Do que gostaram nesse tempo? Que novidades têm para compartilhar?

2. ORAÇÃO INICIAL

Acende-se a vela...

Iniciar este momento orante fazendo o sinal da cruz e escolher um refrão meditativo.

Convidar os catequizandos para observarem com atenção os símbolos dispostos no local do encontro e, em silêncio, fazerem uma oração pessoal pedindo para que possam retomar o caminho da iniciação cristã e viver bem o tempo da Quaresma.

Reservar um tempo de silêncio para que cada um faça sua oração pessoal.

3. ESCUTANDO A PALAVRA

Motivar o grupo para a escuta da Palavra e convidar um catequizando para proclamar o Evangelho segundo São Mateus 4,1-11.

Após a proclamação, propor que os catequizandos façam a releitura do Evangelho em silêncio.

Perguntar: o que leram no texto? Que fato é narrado? A partir dessas questões, apresentar ao grupo uma reflexão sobre o texto, para ajudá-los a compreender.

Orientar o grupo a ler e pensar sobre as questões propostas no livro. Se for necessário, ajudar os catequizandos a encontrarem as respostas. Peça que cada um anote em seu livro as respostas.

a) Quais foram as tentações de Jesus e como Ele reagiu?
b) Onde buscou força para vencer?
c) Quais são os personagens que aparecem no texto?

Compreendendo a Palavra

Antes de iniciar sua vida pública, Jesus passou por provações relacionadas à cobiça, à vaidade, ao orgulho e poder. Ele negou-se a colocar os seus poderes espirituais a serviço de seus interesses pessoais. A cada uma das provações, venceu, e ao fazê-lo, nos ensinou como proceder quando estivermos passando por provações, pedindo: "Pai, não nos deixeis cair em tentação, mas livrai-nos do mal" (cf. Lc 11,4). Assim, aprendemos que ao recorrer à oração para nos libertar do mal, seguimos os passos de Jesus, nos revestindo de seu testemunho ao falar e agir como Ele, assumindo para nossas vidas colocar como centro e princípio a vontade de Deus. No entanto é preciso estarmos cientes de que o mal age no mundo e também em nossas vidas, levando-nos ao afastamento da vontade de Deus e do caminhar na luz de Jesus. Para não sucumbirmos ao mal, é necessário que nos refugiemos na oração e na Eucaristia, pois com elas nos revestimos de Cristo, fortalecendo-nos para vencer o mal e as provações. Agindo assim, nos aproximamos da experiência de Jesus, afirmando seu poder em nossa história como nosso Salvador.

Para aprofundar e refletir

Jesus foi provado no caminho de fidelidade ao projeto do Pai, foi tentado a seguir o caminho mais fácil, mas a clareza de sua opção em fazer a vontade do Pai o manteve fiel em sua missão.

Essas provações e tentações estão presentes na vida dos batizados com o objetivo de desviá-los do caminho. O Papa Francisco nos chama a atenção para as tentações que ofuscam e sufocam o fervor, o dinamismo da fé e da missão e nos tornam pessoas lamuriosas e desencantadas. Para empreender uma batalha, quem inicia uma caminhada precisa confiar e acreditar em seu potencial, mesmo sabendo de suas fraquezas e limites pessoais. É preciso seguir em frente, recordando o que disse o Senhor a São Paulo: "Basta-te a minha graça, porque a força manifesta-se na franqueza" (2 Cor 12,9).

Ler e meditar:

✓ O número 85 da exortação apostólica *Evangelii Gaudium*.

4. MEDITANDO A PALAVRA

Dizer ao grupo: pensem sobre cada uma das perguntas que são feitas sobre o texto que foi proclamado hoje e procurem responder:

- ✓ O que você aprendeu hoje com a Palavra?
- ✓ Você percebe que enfrenta dificuldades, tal como Jesus enfrentou? Como você enfrenta as dificuldades que aparecem? Quais as tentações que a vida ou a sociedade apresentam hoje?
- ✓ Diante das dificuldades, como prosseguir firme no caminho de Jesus?

Ao final, pedir que os catequizandos escrevam em seus livros algo importante para permanecerem no caminho de Jesus, com base no texto bíblico.

5. REZANDO COM A PALAVRA

Dizer aos catequizandos que Jesus nos ensina que precisamos de Deus para resistirmos às tentações deste mundo.

Pedir que pensem sobre essa afirmação e escrevam uma oração pessoal para que Jesus os ajude a resistir às tentações e perdoe as suas faltas.

Motivar com um canto (à sua escolha) alusivo à importância da Palavra em nossa vida e convidar para juntos dizerem a oração em agradecimento a Jesus.

> *Ó Senhor, agradecemos a tua Palavra, os teus ensinamentos, os sacramentos e tudo o que nos auxilia a resistir às tentações deste mundo, para que possamos gozar da tua eterna presença.*
>
> *Pai nosso, que estais nos céus...*

Finalizar com um canto, pedindo que os catequizandos escutem com atenção.

6. VIVENDO A PALAVRA

Explicar ao grupo que, seguindo a orientação da Palavra de Deus que foi proclamada hoje, cada um assumirá como compromisso para a semana procurar resistir a uma tentação que pareça ser muito atraente.

Pedir que anotem no livro o compromisso assumido.

19º ENCONTRO

VIVER A FRATERNIDADE COM GESTOS CONCRETOS

Sentido do encontro

A fraternidade se expressa em gestos, em atitudes e em um modo de viver. A Palavra de Deus hoje nos ajuda a refletir e compreender que o destino futuro fica determinado pelo modo como a pessoa aproveita as oportunidades nesta vida. Temos liberdade de viver como escolhermos, mas não podemos esquecer que isso determinará o que virá depois. A salvação que Jesus nos oferece depende de como vivemos seus ensinamentos.

Objetivo

Compreender a importância de seguir os ensinamentos de Jesus, vivendo a fraternidade sem distinção de pessoas.

Ambientação

Bíblia, vela, cartaz da Campanha da Fraternidade e imagens de pessoas que sofrem com o descaso de outras pessoas (doentes, dependentes químicos, sem casa, sem comida, pessoas pedintes).

Acolhida

Receber os catequizandos demonstrando alegria pela presença de cada um.

1. OLHANDO PARA A VIDA

Perguntar: como passaram a semana? Aconteceu algo diferente?

Motivar uma partilha sobre como conseguiram viver o compromisso assumido no encontro anterior, propondo questões como: conseguiram vencer alguma tentação? Não falar mal do outro, ter mais respeito...? Falar da alegria que isso nos traz.

2. ORAÇÃO INICIAL

Acende-se a vela...

Motivar os catequizandos para um momento de oração com um refrão meditativo de sua escolha.

Iniciar o encontro com o sinal da cruz e orientar os catequizandos que, em silêncio, olhem para as imagens colocadas na sala de encontro e pensem o que elas dizem a cada um. Em seguida, orientar que façam uma oração pessoal pedindo a Jesus que os ajude a ter um olhar fraterno diante das situações que as imagens representam, ou o perdão por se deixar levar pelo egoísmo e pela indiferença.

Concluir a oração com um canto à sua escolha e adequado ao tema do encontro.

3. ESCUTANDO A PALAVRA

Convidar todos para a proclamação da Palavra, motivando uma escuta atenta: é Deus que irá falar. Na sequência, proclamar o Evangelho segundo São Lucas 16,19-31.

Após a proclamação, solicitar aos catequizandos que façam uma leitura individual do Evangelho.

Fazer uma breve reflexão sobre o texto bíblico, incentivando a participação dos catequizandos. A partir da reflexão, pedir que conversem sobre as questões do livro e anotem suas respostas.

a) Quais são os personagens que aparecem no relato?
b) O que narra o texto bíblico que você leu?

Compreendendo a Palavra

Esta parábola é uma sequência de parábolas mencionadas por Jesus no Evangelho de Lucas: a do filho pródigo, a do administrador infiel, e a do rico e do Lázaro. Existe uma suposição de que Jesus queria dizer, por meio dessa parábola, que os homens bons e maus recebiam suas recompensas após a morte, porém essa alegoria contradiz dois princípios: 1º) Um dos princípios mais relevantes de interpretação é que cada parábola tem o propósito de ensinar uma verdade fundamental; e 2º) O sentido de cada parábola deve ser analisado a partir do contexto geral da Bíblia. Na verdade, Jesus, nessa parábola, não estava tratando do estado do homem na morte nem do tempo quando se darão as recompensas. Ademais, interpretar que essa parábola ensina que os homens recebem sua recompensa imediatamente após a morte é contradizer claramente o que a Bíblia apresenta num todo (Mt 16,27, 25,31-40, 1Co 15,51-55, Is 4,16-17; Ap 22,12). A parábola do rico e do Lázaro tem o propósito de ensinar que o destino futuro fica determinado pelo modo como o homem aproveita as oportunidades nesta vida. Sendo assim, compreende-se que os fariseus não administravam suas riquezas de acordo com a vontade divina e, por isso, estavam arriscando seu futuro, perdendo a vida eterna. As lições apresentadas na parábola são claras e convincentes, porém os justos ou injustos receberão suas recompensas somente no dia da ressurreição (Jo 14,12-15.20-21; Ec 9,3-6; Is 38,18). Essa parábola traça um contraste entre o rico que não confiava em Deus e o pobre que n'Ele depositava confiança. Os judeus acreditavam ser a riqueza um sinal das bênçãos de Deus, pelo fato de serem descendentes de Abraão, e a pobreza indício do seu desagrado para com os ímpios. O problema não estava no fato de o homem ser rico, mas de ser egoísta. A má administração dos bens concedidos por Deus havia afastado os fariseus e os judeus da verdadeira riqueza, que é a vida eterna. Esqueceram do segundo objetivo que se encerra na lei de Deus: "Amarás o teu próximo como a ti mesmo" (Mt 22,39).

Para aprofundar e refletir

Viver a fraternidade nos pede atitudes e gestos concretos em nossa vida cristã. Jesus ensinou que o amor a Deus e ao próximo são parte de um único caminho. O amor a Deus e a prática do amor ao próximo são inseparáveis. O Apóstolo São João trata do "mandamento novo", dado por Jesus aos Apóstolos na última ceia: "[...] eu vos dou um novo mandamento: Amai-vos uns aos outros; como eu vos amei, assim deveis amar-vos uns aos outros também vós. Nisto conhecerão todos que sois meus discípulos, se vos amardes uns aos outros" (Jo 13,34-35). Esse caminho exige a conversão verdadeira a Deus e, também, a conversão à caridade concreta para com os irmãos. Seríamos falsos cristãos se quiséssemos separar ou opor o amor a Deus e ao próximo: "Se alguém disser – amo a Deus – mas odeia seu irmão, é um mentiroso; quem não ama seu irmão, a quem vê, não poderá amar a Deus, a quem não vê. Este é o mandamento que dele recebemos: quem ama a Deus, deve também amar seu irmão" (1Jo 4,19-21). É preciso crescer na decisão e exigência cristã de reconhecer todo o ser humano como um irmão e irmã, integrá-lo no convívio comunitário e social. Uma pessoa pode ajudar a outra quando necessário, mas é preciso criar um processo de fraternidade e de justiça para todos.

Ler e meditar:

- ✓ O número 53 da exortação apostólica *Evangelii Gaudium*.
- ✓ Os números 180 e 183 da carta apostólica *Fratelli Tutti*: sobre a fraternidade e a amizade social.

4. MEDITANDO A PALAVRA

Orientar os catequizandos a lerem as questões apresentadas e meditarem, recordando o texto bíblico, para dar suas respostas.

- ✓ O que você aprendeu hoje com a Palavra que foi proclamada?
- ✓ Conforme o texto bíblico, qual foi a atitude do homem rico com relação a Lázaro?
- ✓ O que aconteceu com cada um deles depois que morreram?
- ✓ Depois da morte, é possível mudar de vida ou ter contato com pessoas que amamos e ficaram na Terra?
- ✓ Como pode alertar a você mesmo e às pessoas que ama que devemos viver a fraternidade?
- ✓ Existem hoje realidades e desigualdades sociais? Como? Por quê?

Aguardar o grupo responder, ajudando, se necessário. Depois, convidar para escreverem em seus livros aquilo que chamou a atenção e consideram importante para a vida cristã.

Incentivar uma partilha com o grupo do que cada um escreveu.

5. REZANDO COM A PALAVRA

Motivar os catequizandos a pensarem: o que a Palavra despertou em vocês para dizerem a Deus?

Pedir que façam uma oração pessoal em silêncio e escrevam no livro. Depois, incentivar uma partilha com o grupo.

Convidar o grupo para rezar o Salmo 146,5-9, destacando o versículo 5.

Finalizar este momento com a oração:

> *Deus de amor, ajudai-nos a enxergar, ouvir, compreender e agir em favor dos nossos irmãos mais necessitados. Fazei com que possamos viver a verdade e a caridade com todos os que passarem por nossa vida, e sempre vos buscar com humildade nos momentos difíceis, sem nunca desanimar. Amém.*

Pode convidar o grupo para cantar um refrão conhecido.

6. VIVENDO A PALAVRA

Comentar com o grupo que Jesus nos ensina a ter um olhar atento às necessidades das pessoas, vivendo a fraternidade.

Questionar os catequizandos:

- ✓ O que vocês pensam que pode ser feito para diminuir as desigualdades que existem entre as pessoas?
- ✓ Que gestos de fraternidade você se propõem a viver e assumir nesta semana?

Como sugestões, você pode mencionar: visitar uma pessoa necessitada da comunidade para ouvir, cuidar e ajudá-la a ver a vida com esperança e dar-lhe incentivo e força para superar suas dificuldades e/ou desafios; fazer uma campanha para arrecadar alimentos e levar para uma família necessitada.

20º ENCONTRO

HOJE ENTROU A SALVAÇÃO

Sentido do encontro

A salvação é um dom que Deus nos oferece. Zaqueu fez a experiência de um verdadeiro encontro com Jesus e, desse encontro, nasceu uma nova vida, porque é impossível encontrar-se com o Senhor e não ser transformado por Ele.

Objetivo

Reconhecer que Deus sempre nos oferece o caminho da salvação.

Ambientação

Bíblia, vela, cruz; imagem do encontro de Zaqueu com Jesus.

Acolhida

Receber cada catequizando de maneira carinhosa e alegre.

1. OLHANDO PARA A VIDA

Conversar com o grupo sobre os compromissos do encontro anterior: como foram vivenciados? Que experiências podem ser partilhadas? Como se sentiram?

Perguntar: alguém do grupo já teve um encontro com uma pessoa, um parente ou um amigo que marcou sua vida? Deixar que falem e ouvir cada um com interesse.

2. ORAÇÃO INICIAL

Acende-se a vela...

Iniciar a oração com um refrão meditativo (escolher).

Convidar o grupo para uma oração e fazer o sinal da cruz.

Pedir que cada catequizando, em silêncio, faça uma oração pessoal pedindo coragem para buscar um encontro verdadeiro com Jesus.

Concluir rezando juntos a oração do Pai-nosso.

3. ESCUTANDO A PALAVRA

Preparar para a escuta da Palavra com um canto de aclamação (escolher um que seja bem conhecido pelo grupo).

Convidar um catequizando para proclamar o Evangelho segundo São Lucas 19,1-10.

Com a participação dos catequizandos, apresentar uma reflexão sobre o texto que foi proclamado.

Concluída a reflexão, incentivar os catequizandos a lerem as perguntas propostas, conversarem entre eles e responderem. Orientar que anotem as respostas.

a) Qual acontecimento é narrado no texto que foi proclamado?
b) Quais são os personagens que aparecem no texto?
c) O que aconteceu entre Zaqueu e Jesus?

Compreendendo a Palavra

O texto do Evangelho de hoje nos conta a encantadora história de Zaqueu, que não tinha nenhum valor para os judeus. Pelo contrário, era rejeitado por eles, pelo fato de ser considerado ladrão. Para piorar ainda mais a situação, o terceiro versículo afirma que Zaqueu, embora quisesse ver Jesus, não conseguia, porque era de baixa estatura e toda aquela multidão à frente dele o impedia de ver Jesus. Conta o Evangelho que Zaqueu "correu adiante" e subiu em uma árvore. Ao levantar os olhos e enxergar Zaqueu, Jesus disse: "Zaqueu, desce depressa, porque é preciso que eu fique hoje em tua casa" (Lc 19,5). Jesus conhecia o nome daquele homem, mas não apenas o nome, sobretudo conhecia o seu coração, conhecia-o por inteiro. Desse ponto, podemos retirar outro grande ensinamento para as nossas vidas: podemos até passar despercebidos aos olhos do mundo, contudo não passamos despercebidos aos olhos de Jesus. E foi o próprio Jesus que se convidou à casa de Zaqueu. Esse não era um gesto qualquer, era sinal de intimidade. O encontro com Jesus não foi um privilégio apenas de Zaqueu, você também pode encontrá-lo, busque-o! Jesus está falando diretamente com você, assim como falou a Zaqueu: "Hoje entrou a salvação nesta casa" (Lc 19,9). O Senhor está sempre pronto a nos oferecer a salvação, é preciso buscá-la, desejá-la e acolhê-la. "O olhar misericordioso do Senhor nos alcança antes mesmo que nós percebamos a necessidade de sermos salvos. E com esse olhar do divino Mestre começa o milagre da conversão do pecador. [...] Deus condena o pecado, mas salva o pecador" (cf. FRANCISCO, 2019).

Para aprofundar e refletir

A Igreja nos fala do desejo de Deus de que todos sejam salvos. A salvação nos vem em Cristo pela mediação da Igreja. "Aprouve a Deus na sua bondade e sabedoria, revelar-se a si mesmo e dar a conhecer o mistério da sua vontade (cf. Ef 1,9), segundo o qual os homens, por meio de Cristo, a Palavra feita carne, têm acesso ao Pai no Espírito Santo e se tornam da natureza divina (cf. Ef 2,18; 2Ped 1,4)" (cf. DV, n. 2). Em nenhum momento do caminho do homem Deus deixou de oferecer a sua salvação aos filhos de Adão, estabelecendo uma Aliança com todos os homens em Noé (cf. Gn 9,9) e, mais adiante, com Abraão e a sua descendência (cf. Gn 15,18). Na plenitude dos tempos, o Pai enviou ao mundo seu Filho, o qual anunciou o Reino de Deus, curando todo o tipo de doenças (cf. Mt 4,23). As curas realizadas por Jesus, por meio das quais se tornava presente a providência de Deus, eram um sinal que se referia à sua pessoa, àquele que se revelou plenamente como Senhor da vida e da morte no acontecimento pascal. Segundo o Evangelho, a salvação para todos os povos começa com o acolhimento de Jesus: "Hoje veio a salvação a esta casa" (Lc 19,9). A boa-nova da salvação tem um nome e um rosto: Jesus Cristo, Filho de Deus Salvador. "No início do ser cristão, não há uma decisão ética ou uma grande ideia, mas o encontro com um acontecimento, com uma Pessoa que dá à vida um novo horizonte e, desta forma, o rumo decisivo" (cf. PD, n. 8).

Ler e meditar:

- ✓ A carta *Placuit Deo* aos Bispos da Igreja Católica sobre alguns aspectos da salvação cristã, número 12.
- ✓ A constituição dogmática *Dei Verbum*, número 2 e 4.

4. MEDITANDO A PALAVRA

Perguntar: o que aprenderam hoje com a Palavra de Deus?

Orientar que cada um leia em seu livro as questões propostas e meditar, recordando o que aprendeu com a Palavra.

- ✓ Conforme o texto bíblico, qual era o desejo de Zaqueu?
- ✓ Como Jesus agiu nesse episódio bíblico?
- ✓ Com base na leitura e na reflexão sobre o texto bíblico, você percebe que pode ter um encontro verdadeiro com Jesus?
- ✓ As pessoas buscam encontrar Jesus e permitem que Ele entre em sua casa, sua vida, seu trabalho, na roda de amigos?

Pedir que escrevam uma ideia que julgam ser importante para sua vida.

5. REZANDO COM A PALAVRA

Motivar o grupo para uma oração, perguntando: o que o Evangelho que ouviram faz cada um dizer a Deus?

Convidar todos para se aproximarem da cruz (o que simboliza?) e comentar que Deus sempre oferece vida e salvação para cada pessoa.

Incentivar o grupo a dirigir uma súplica, um pedido de perdão ou um louvor a Deus e escrever no livro sua oração. Em seguida, promover a partilha das orações no grupo.

Como gesto de amor diante daquele que se deu por nós, incentivar os catequizandos a dizerem sua oração, tocarem a cruz.

Encerrar este momento motivando-os a rezarem juntos a oração:

> *Ó Senhor Deus, que sempre nos ofereceis a salvação, vos agradecemos por tão grande amor que tendes para com a humanidade ferida, machucada, mas desejosa da vossa salvação e do vosso perdão. Obrigado pela oportunidade que temos de abrir a porta do nosso coração, para que possas entrar e transformar a nossa vida, fazendo com que vejamos o que é verdadeiramente importante e nos desapeguemos dos comportamentos egoístas que nos afastam de vós. Por Jesus Cristo, nosso Senhor. Amém.*

Concluir convidando para um canto (este sugerido ou outro à sua escolha).

Canto: *Palavras de Salvação* (Pe. Zezinho).

6. VIVENDO A PALAVRA

Comentar com o grupo que, seguindo a orientação da Palavra meditada, o compromisso para esta semana será procurar desapegar de algo de que gosta, em benefício do próximo, a exemplo de Zaqueu. Explicar que não é se desfazer de algo que não sirva mais, mas abrir mão daquilo que gosta e que pode ser bom ou útil para outra pessoa.

Oriente a escreverem o compromisso assumido.

21° ENCONTRO

BENDITO O QUE VEM EM NOME DO SENHOR

Sentido do encontro

O tema do encontro nos coloca em sintonia com Jesus, que está a caminho de Jerusalém. O Rei do Universo, o Enviado do Pai, entra em Jerusalém como um pobre, humilde, montado em um jumentinho. Iniciamos a Semana Santa, tempo para renovar nossa adesão a Cristo, Senhor da História.

Objetivo

Identificar que nossas atitudes podem nos ajudar a seguir Jesus e a viver seu projeto.

Ambientação

Cruz com ramos verdes, vela, Bíblia e tecido da cor vermelha. Preparar um raminho verde para cada catequizando.

Acolhida

Fazer uma boa acolhida dos catequizandos, com um canto de boas-vindas (escolher).

1. OLHANDO PARA A VIDA

Recordar, com a ajuda do grupo, o encontro anterior. Perguntar: como os compromissos assumidos no último encontro foram vividos durante a semana? Tiveram alguma dificuldade? Como resolveram? Quem ajudou?

Relembrar que vivemos o tempo da Quaresma, tempo forte de preparação para celebrarmos a Páscoa da Ressurreição de Jesus Cristo. Nesse tempo, somos chamados a acompanhar os passos de Jesus.

2. ORAÇÃO INICIAL

Acende-se a vela...

Iniciar a oração convidando para ouvirem um refrão meditativo (como sugerido ou outro à sua escolha).

Refrão: *Convertei-vos e crede no Evangelho* (Pe. Ney Brasil Pereira - Campanha da Fraternidade 2012).

Convidar o grupo para fazer o sinal da cruz, que nos identifica como cristãos.

Perguntar: o que os objetos colocados no centro da sala indicam? O que eles recordam a vocês? Por quê? Deixar que cada um se expresse livremente.

Propor que, em clima orante, cantem um refrão que mencione esse tempo litúrgico, a Quaresma, tempo de conversão, concluindo o momento de oração.

Canto: *Eis o tempo de conversão* (José Weber).

Comentar: Hoje nosso encontro nos ajudará a entramos em sintonia com Jesus: Aquele que é aclamado pelo povo como Rei, Aquele que vem em nome do Senhor, Aquele que caminha em direção a Jerusalém, onde será morto e ressuscitará ao terceiro dia.

3. ESCUTANDO A PALAVRA

Convidar o grupo para a escuta da Palavra, que será proclamada por um dos catequizandos, do Evangelho segundo São Mateus 21,1-11.

Após a proclamação, propor uma leitura individual e silenciosa.

Motivar o grupo: vamos recordar o que é narrado no texto bíblico? Deixar que, juntos, contem com as próprias palavras o que leram. A partir das ideias sugeridas no *Compreendendo a Palavra*, fazer uma reflexão sobre o texto de São Mateus, pedindo, em alguns momentos, a ajuda dos catequizandos, para levá-los ao entendimento do texto.

Concluída a reflexão, pedir ao grupo que pense sobre as questões apresentadas no livro e converse sobre as respostas. Depois, cada um anota no livro suas respostas pessoais.

a) Quem faz parte da cena descrita no texto? Onde e como acontece o fato narrado?

b) Que palavras e expressões são fortes nessa Palavra de Deus?

Compreendendo a Palavra

"Bendito o que vem em nome do Senhor! Hosana ao filho de Davi!" É a aclamação do povo, da multidão. Jesus entra em Jerusalém para completar seus dias, tomando a firme decisão de ir onde irá consumar sua missão. Ele prepara com muito cuidado sua chegada, ordenando aos discípulos que busquem um jumentinho com

o qual entrará em Jerusalém como um Rei pacífico, em contraposição à ostentação do poder romano. Como reação a esse gesto de humildade e simplicidade, o povo o aclama com alegria como Filho de Davi, Aquele que traz a salvação. Hosana! Que quer dizer: salva-nos! (cf. CIgC, n. 569-570). É um líder popular reconhecido por seu povo como vindo da parte de Deus. Nós, cristãos, aprendemos com essa narrativa que o verdadeiro discípulo é aquele que aceita Jesus do jeito que Ele é e quer ser, e não do jeito que gostariam que ele fosse. Se Jesus se fez Messias pobre e desarmado, não podem fazer d'Ele um Messias glorioso e poderoso. Com a celebração do Domingo de Ramos, iniciamos a Semana chamada Santa, a Semana da Paixão, semana em que somos chamados a participar do grande mistério da fé cristã: Paixão, Morte e Ressurreição do Senhor Jesus.

Para aprofundar e refletir

Os últimos dias da vida terrena de Jesus vão chegando ao fim quando Ele toma a livre decisão de ir para Jerusalém. Com essa atitude, indicava que subia para onde iria se entregar nas mãos dos poderosos em prol da nossa salvação, que se realizará por meio da Páscoa de sua Morte e Ressurreição (cf. CIgC, n.569-570). Com toda sua humildade, Ele entra na cidade, não como um rei guerreiro, mas como homem pacífico, como aquele que traz a paz e a verdadeira justiça. O Papa Francisco (2015), na homilia no Domingo de Ramos, diz que humilhar-se é, antes de tudo, a forma como Deus esvaziou-se de si mesmo para caminhar com seu povo, mesmo tendo que suportar suas infidelidades. Isso fica evidente quando nos reportamos ao livro do Êxodo e lemos que o Senhor ouvia as murmurações de seu povo. Embora dirigidas a Moisés, no fundo, eram lançadas contra Ele, que o fizera sair da escravidão do Egito e os guiava pelo caminho através do deserto até a terra prometida.

Ler e meditar:

- ✓ Sl 24,7-10; Zc 9,9.
- ✓ Os números 557 e 558 do Catecismo da Igreja Católica.
- ✓ As palavras iniciais de exortação próprias da liturgia do Domingo de Ramos, que se encontram no Missal Romano (Missal Dominical, p. 251), para a bênção dos ramos.

4. MEDITANDO A PALAVRA

Se achar oportuno, pode fazer uma encenação deste Evangelho.

Incentivar uma meditação sobre a Palavra, individual, para ajudar a dar respostas às questões formuladas no livro. Aguardar alguns instantes para essa meditação e, em seguida, pedir que escrevam em seus livros o que querem levar para a vida para ajudá-los no seguimento de Jesus.

- ✓ O que a Palavra diz para você? E para o nosso grupo de catequese?
- ✓ Quais são os apelos que o texto traz a você?
- ✓ Como você reconhece e acolhe Jesus em sua vida?
- ✓ Quem é aclamado como importante no mundo de hoje e em nossas comunidades?

5. REZANDO COM A PALAVRA

Comentar que depois de termos ouvido a Palavra e meditado, é o momento de dizer ao Senhor o que trazemos em nosso coração, buscando responder: o que a Palavra proclamada faz você dizer a Deus?

Motivar que, em silêncio, cada um faça sua oração de louvor, de agradecimento ou de súplica escreva em seu livro.

Entregar a cada catequizando um ramo verde. Erguer a cruz, adornada com ramos verdes ou o pano vermelho, e convidar o grupo para acompanhar a oração que você irá dizer, segurando os ramos verdes nas mãos.

> *Ó Deus, com ramos de oliveira, crianças e pobres aclamaram Jesus ao entrar na cidade santa. Abençoai este nosso grupo que, com ramos nas mãos, deseja seguir Jesus no caminho. Colocai em nossos lábios o louvor e dai-nos a graça de produzirmos frutos de paz, de justiça, de fraternidade e de amor. Amém.*

Sugestão: se for possível, fazer uma pequena caminhada, pelo pátio ou até a igreja, levando a cruz e os ramos.

Após a oração, convidar para um canto (este sugerido ou outro à sua escolha) e finalizar rezando todos juntos o Pai-nosso.

Canto: *Hosana hey! Hosana ha! Hosana hey*! (Roberto Malvezzi).

6. VIVENDO A PALAVRA

Questionar o grupo: encerrando este encontro, que compromisso cada um irá assumir para a chamada Semana Santa?

- ✓ Dizer aos catequizandos que terão uma missão muito importante: convidar toda a família para participar das celebrações do Tríduo Pascal na Semana Santa: a ceia do Senhor, na quinta-feira; a Paixão do Senhor, na sexta-feira; e a solene Vigília Pascal, no sábado.

22º ENCONTRO

LEVANTEM-SE E REZEM PARA SEREM FIÉIS À VONTADE DO PAI

Sentido do encontro

Estamos acompanhando Jesus no caminho rumo à sua Paixão, Morte e Ressurreição, caminho que Ele faz na fidelidade e na obediência à vontade do Pai. Jesus quis levar sua missão às últimas consequências e somente na oração Ele encontrou forças.

Objetivo

Reconhecer a importância da oração, da fidelidade à vontade de Deus e da obediência à sua voz.

Ambientação

Alguns galhos verdes e outros secos, a cruz com pano roxo, vela e Bíblia.

Acolhida

Receber os catequizandos com alegria, dizendo como é bom que eles estejam no encontro.

1. OLHANDO PARA A VIDA

Ajudar o grupo a fazer uma breve recordação do encontro anterior.

Perguntar se cumpriram o compromisso assumido, questionando: foi difícil? Pediram ajuda?

Propor uma partilha: como cada um está se preparando para celebrar a Semana Santa e a Páscoa de Jesus? O que está sendo mais importante neste tempo?

2. ORAÇÃO INICIAL

Acende-se a vela...

Convidar para ouvirem um refrão meditativo que leve a pensar sobre a cruz de Jesus.

Refrão: *Como Jesus, vou carregar a minha cruz* ou outro à escolha.

Fazer o sinal da cruz e incentivar que, em silêncio, pensem que estão acompanhando Jesus no caminho rumo à cruz, à sua entrega definitiva ao Pai.

Pedir que o grupo olhe para os objetos colocados no local do encontro e pense sobre o que eles significam. Depois, cada um faz uma oração individual.

Finalizar com um canto (este sugerido ou outro à sua escolha).

Canto: *Honra, Glória, Poder e Louvor* (Pe. José Webber).

3. ESCUTANDO A PALAVRA

Convidar um catequizando para proclamar o Evangelho segundo São Lucas 22,39-46.

Depois de uns instantes de silêncio, o catequista poderá fazer uma segunda proclamação desse texto.

Motivar uma leitura individual, silenciosa, dessa passagem do Evangelho, com atenção às palavras, ao lugar onde Jesus se encontra, a quem está com ele e à oração que Ele dirige ao Pai.

Fazer uma pequena reflexão sobre o texto bíblico, explicando aquilo que gerou dúvidas nos catequizandos.

Após sua reflexão sobre a Palavra, pedir aos catequizandos que leiam as perguntas apresentadas e pensem em como respondê-las. Em seguida, oriente a escrever as respostas em seus livros, para o momento de partilha.

a) Sobre o que é o texto proclamado?
b) Converse com os colegas sobre o que entendeu e partilhe com o grupo o que descobriu.

Compreendendo a Palavra

Após celebrar a ceia com seus discípulos, Jesus se retira, como de costume, para sua oração ao Pai. Essa será, no entanto, a sua noite derradeira. Ele terá diante de si duas opções: desistir do projeto do Pai e tentar salvar a sua vida, sendo essa sua última tentação – "Pai, se quiseres, afasta de mim este cálice" (Lc 22,42a) – ou permanecer fiel até o fim – "contudo, não seja feita a minha vontade, mas a tua" (Lc 22,42b) –, mesmo que essa opção lhe custasse a própria vida. Certamente foi preciso muita força para vencer a tentação de não ser fiel à missão para a qual o Espírito do Senhor o havia ungido (cf. Lc 4,18-19). Solitário e com profunda angústia humana, Jesus busca na comunhão com o Pai e na oração as forças para perseverar até o fim e, apesar de ser uma situação de extrema agonia e preocupação, Jesus revela em suas atitudes o agir do próprio Pai (Lc 22,41.44.45). Nem seus amigos mais próximos foram solidários com ele nessa hora. Deixaram-se tomar pelo sono, não podendo vigiar um pouco com Ele. Ficaram alheios ao momento de angústia, de sofrimento e de agonia de Jesus. Para perseverar na fidelidade a Jesus e ao seu projeto, é importante a força da comunidade, a vivência pessoal da oração e a íntima comunhão com o Senhor.

Para aprofundar e refletir

O cálice da Nova Aliança, que Jesus antecipou na ceia, oferecendo-se a si mesmo, aceita-o em seguida das mãos do Pai em sua agonia no Getsêmani, tornando-se "obediente até a morte" (Fl 2,8). Jesus ora: "Meu Pai, se for possível, que passe de mim este cálice..." (Mt 26,39). O Catecismo da Igreja Católica nos ajuda a compreender a grandeza da opção de Jesus: "Como pela desobediência de um só homem todos se tornaram pecadores, assim pela obediência de um só, também se tornarão justos" (Rm 5,19). Pela sua obediência até a morte e a morte de cruz, Jesus realizou a substituição do Servo Sofredor, que oferece sua vida como sacrifício de expiação, ao carregar o pecado das multidões, que justifica carregando Ele próprio as faltas dos pecadores. Jesus reparou as nossas faltas e satisfez o Pai pelos nossos pecados (cf. CIgC, n. 615). Jesus substitui nossa desobediência por sua obediência.

Ler e meditar:

- ✓ Os números 612, 620 e 621 do Catecismo da Igreja Católica.

4. MEDITANDO A PALAVRA

Formar pequenos grupos e pedir que recordem o texto proclamado, leiam as questões propostas e meditem sobre que respostas dariam a cada uma delas.

- ✓ O que a Palavra proclamada diz a você?
- ✓ O que mais chamou sua atenção?
- ✓ Todas as pessoas podem passar por tristezas e sofrimentos. Vamos conversar sobre o que pode nos fazer sofrer ou nos deixar tristes?
- ✓ O que causa tristeza e sofrimento a nossas famílias, aos pobres, às comunidades? Como você reage diante dessas situações?

Depois de terem meditado sobre a Palavra e pensado sobre as respostas às questões apresentadas, pedir que cada um escreva em seu livro aquilo que considera mais importante e que quer guardar para sua vida de fé.

5. REZANDO COM A PALAVRA

Diante da Palavra que escutaram e meditaram, incentivar os catequizandos a fazerem um momento de oração em silêncio: o que quer dizer a Deus? Cada um, em silêncio, escreve a sua oração.

Após um tempo em silêncio, perguntar quem quer partilhar sua oração com o grupo e concluir dizendo todos juntos:

> *Deus Santo, Deus forte, Deus imortal, tende piedade de nós e do mundo inteiro.* (3x)

Convidar para rezarem (ou cantarem) juntos o Salmo 31,1-9. Se for rezado, convidar um catequizando para dizer as estrofes e todos a cada dois versículos dizem juntos o refrão:

> *Eu me entrego, Senhor, em tuas mãos e espero pela tua salvação!*

Concluir este momento convidando-os a dizer:

> *Glória ao Pai, ao Filho e ao Espírito Santo. Como era no princípio, agora e sempre. Amém.*

Poderá motivar a realização do abraço da paz.

6. VIVENDO A PALAVRA

Repetir para o grupo as palavras do início do encontro: acompanhamos Jesus rumo à cruz, à sua entrega definitiva ao Pai.

Refletir e assumir algo concreto: como podemos acompanhar mais de perto os passos de Jesus durante esta semana?

Recordar que esta é uma semana de oração e de maior silêncio, em preparação à celebração da Páscoa da Ressurreição de nosso Senhor Jesus Cristo. O compromisso para a semana será procurar rezar em casa, com a família, e participar da programação religiosa da paróquia, da via-sacra e das celebrações do Tríduo Pascal.

✓ Informar aos catequizandos sobre os horários das celebrações da Semana Santa.

23º ENCONTRO

PÁSCOA JUDAICA E PÁSCOA CRISTÃ

Sentido do encontro

Para o povo da Antiga Aliança, a festa da Páscoa fazia memória da passagem da escravidão para a liberdade e era celebrada em uma ceia. Jesus quis que sua última ceia com os discípulos significasse uma Nova Aliança, sinalizada pelo pão e pelo vinho partilhados, dando a ela uma dimensão pascal, marcando sua passagem de volta ao Pai. Toda a vida cristã está centrada no mistério pascal.

Objetivo

Compreender o verdadeiro sentido da Páscoa cristã.

Ambientação

Cadeiras em círculo ao redor de uma única mesa, toalha branca, Bíblia, vela, um pão, suco de uva, bacia com água.

Acolhida

Acolher com alegria cada catequizando, em clima festivo.

1. OLHANDO PARA A VIDA

Perguntar: como foi a Semana Santa para cada um? Como viveram o compromisso do encontro anterior? Participaram com as famílias das celebrações? Como se sentiram?

2. ORAÇÃO INICIAL

Acende-se a vela...

Motivar a fazerem a oração com um refrão meditativo à sua escolha.

Refrão: *Onde reina o amor* (Taizé).

Molhar os dedos na água previamente preparada e fazer o sinal da cruz.

3. ESCUTANDO A PALAVRA

Convidar um catequizando para proclamar o texto bíblico de Rm 6,3-11. Na sequência, pedir que cada um, em silêncio, leia mais uma vez esse texto.

Fazer uma reflexão sobre o texto, dialogando com os catequizandos, para ajudar a compreensão. Após a reflexão e explicação do texto, pedir que os catequizandos pensem e conversem sobre as questões do livro e anotem suas respostas.

a) O que o texto diz a você?
b) O que mais chamou a sua atenção nesta leitura?

Compreendendo a Palavra

O ensinamento de Paulo nos ajuda a compreender que todo o cristão, pelo Batismo, morre para o mal, para o pecado, para ressuscitar com Cristo a uma nova vida. A fé nos torna participantes desse mistério da Páscoa de Jesus pelo nosso Batismo. Mergulhados em Cristo na morte, ressuscitamos com Ele para uma vida nova em Cristo Jesus. A água tem um simbolismo muito rico, com a força de lavar, purificar, salvar e transformar a vida da condição de homem velho em novas criaturas.

Para os primeiros cristãos, o Batismo tinha um profundo sentido de mudança de vida, professavam a fé, mas também viviam uma profunda relação de vida com os irmãos na fraternidade e na solidariedade.

O Batismo é um dom de Deus, uma graça, é celebração da vida nova, e isso nos enche de esperança e nos insere na vida da Igreja corpo de Cristo, e, também nos convida a viver diariamente nessa graça, nessa vida nova que o Batismo nos concedeu. É um convite a sermos vigilantes sobre nós mesmos para vivermos como filhos da luz, e não das trevas. A cada dia, pode nos ajudar na busca por responder à pergunta: como posso viver hoje a vida nova recebida no Batismo?

Para aprofundar e refletir

O projeto de comunhão de Deus conosco, que chamamos de obra da salvação, foi prenunciado pelo próprio Deus no Antigo Testamento e realizado em Cristo, plenamente, pois n'Ele se unem o divino e o humano. O mistério pascal de Cristo é o centro da história da salvação, e, por isso o encontramos na liturgia como seu objeto e conteúdo principal, envolve toda a vida de Cristo e a vida de todos os cristãos. Por sua obediência ao Pai e pela glória da ressurreição, Cristo, o cordeiro de Deus que tira o pecado do mundo, doou-se totalmente a ponto de morrer numa cruz para nos abrir o caminho da libertação definitiva. Assim sendo, por nossa missão, doação e amor, e também pelo oferecimento de nossas provações e aflições, nós estamos participando do único sacrifício redentor de

Cristo, completando em nós o que falta às tribulações de Cristo pelo seu corpo, que é a Igreja. Todo mistério pascal que celebramos consiste no fruto do Espírito Santo, que impulsionou o Filho de Deus a realizar a vontade do Pai até as últimas consequências (cf. Hb 9,14-11; CNBB, Doc. 43, n. 45-48).

Ler e meditar:

✓ Os números 45-50 do Documento 43 da CNBB.

4. MEDITANDO A PALAV RA

Orientar o grupo a ler em seus livros as perguntas propostas e meditar sobre a Palavra proclamada, em busca de suas respostas.

✓ O que a Palavra que foi proclamada te ensina?
✓ O que significa a palavra "Páscoa"?
✓ Você sabe qual é a diferença entre Páscoa judaica e Páscoa cristã?
✓ Na Páscoa judaica, era imolado um cordeiro. E na Páscoa cristã, o que é imolado?
✓ Solicitar que leiam o texto e depois comentem o que entenderam:
A solenidade da Páscoa é o tempo para o Batismo dos catecúmenos, que são aqueles que querem se tornar cristãos, seguidores de Jesus Cristo, e se prepararam para receber esse sacramento. Esse é, também, o momento em que os já batizados renovam seu Batismo, morrendo com Cristo para ressuscitar com Ele.

Quando todos tiverem respondido às questões, incentivar os catequizandos a pensarem sobre o que é importante para que sejam verdadeiros seguidores de Jesus. Reservar um tempo para pensarem e escreverem suas respostas nos seus livros e convidar para uma partilha.

5. REZANDO COM A PALAVRA

Questionar o grupo: o que o encontro de hoje leva você a dizer a Deus?

Convidar a olharem para os símbolos que estão sobre a mesa preparada para este encontro, em silêncio, e fazer uma oração individual. Na sequência, propor uma partilha dessas orações.

Motivar a dirigirem a Jesus preces de agradecimento. Orientar que, a cada prece, a resposta será: *Nós te agradecemos.*

– *Senhor Jesus, que por sua morte e ressurreição nos deu a vida.*

– *Cristo, vencedor do pecado e da morte.*

– *Amigo da humanidade, ressuscitado e vivo à direita do Pai.*

– *Cordeiro imolado, que te ofereces para resgatar-nos do mal.*

– *Pão vivo e remédio de imortalidade, que nos dás a vida eterna.*

Junto aos símbolos de pão, suco e outros, fazer a bênção:

Bendigamos ao Senhor por estes sinais, alimentos e digamos:

Demos graças a Deus.

– Nós vos agradecemos, ó Pai, porque, ressuscitado, Jesus se manifestou aos discípulos de Emaús durante uma refeição, tirando dos seus corações as sombras e a tristeza da morte.

Demos graças a Deus.

– Nós vos agradecemos, Senhor nosso Deus, porque, ressuscitado, Jesus quis fazer do alimento preparado e partilhado fraternamente sinal de que está vivo e nos fortalece e anima a cada novo dia.

Demos graças a Deus.

– Hoje, que lembramos a Páscoa de Jesus, Ele nos alegra com a sua presença entre nós, enquanto comemos e bebemos em seu nome, como irmãos e irmãs.

Demos graças a Deus.

– Derramai sobre nós e estes alimentos a vossa bênção; o Pai e o Filho e o Espírito Santo. **Amém.**

6. VIVENDO A PALAVRA

Mencionar aos catequizandos que na Bíblia está uma descrição de como era celebrada a Páscoa judaica. O compromisso para esta semana será conhecer um pouco mais sobre esse acontecimento.

Em casa, solicitar que leiam com seus pais o texto bíblico de Ex 12,1-8.11-14, que narra como era celebrada a Páscoa judaica.

✓ Participar da celebração da Páscoa na comunidade, com sua família.

24º ENCONTRO

CREIO NA RESSURREIÇÃO

Sentido do encontro

Jesus é o sinal da nossa ressurreição e da transformação final do universo. Ele continua a viver entre nós e, de maneira especial, na Eucaristia e na Palavra proclamada.

Objetivo

Identificar a importância da fé na Ressurreição de Jesus, que o torna presente no meio de nós.

Ambientação

No centro da sala, sobre um tecido branco, Bíblia, vela, flores, imagem ou figura do Cristo Ressuscitado ou o Círio Pascal.

Acolhida

Acolher cada catequizando com alegria pelo novo encontro.

1. OLHANDO PARA A VIDA

Perguntar: participaram da celebração da Páscoa? Alguma coisa chamou a atenção?

Leram com os pais o texto bíblico sobre a Páscoa judaica? Como foi essa partilha em casa? Não compreenderam alguma coisa?

No Batismo morremos para o pecado e nascemos para uma vida nova: isso foi assunto do último encontro. O grupo entendeu o que significa?

2. ORAÇÃO INICIAL

Acende-se a vela...

Motivar para um momento de oração com um refrão meditativo (escolher).

Refrão: *O nosso olhar se dirige a Jesus* (Taizé).

Depois de fazer o sinal da cruz, comentar que nós cremos em Jesus Ressuscitado, vivo entre nós, e convidar para professarem a fé dizendo juntos o Creio.

3. ESCUTANDO A PALAVRA

Incentivar os catequizandos para a escuta da Palavra. Se considerar oportuno, proponha cantar um refrão de aclamação (escolher).

Canto: *Eu vim para escutar* (Pe. Zezinho).

Realizar a proclamação do texto bíblico de 1Cor 15,12-21.

Após a proclamação, propor que cada catequizando leia um versículo.

Para facilitar a compreensão do texto pelos catequizandos, fazer uma pequena reflexão sobre a Palavra proclamada. A partir da reflexão, pedir que os catequizandos reflitam e conversem sobre as perguntas propostas, escrevendo as respostas no livro.

a) Qual é o tema do texto bíblico?
b) O que mais chamou a sua atenção nessa leitura?

Compreendendo a Palavra

A Ressurreição de Jesus é o elemento fundamental da nossa fé! A fé cristã não é baseada no nascimento de Jesus, ela enfatiza os ensinamentos de Jesus, a sua vida e a sua morte, mas o núcleo e o sentido da fé cristã é a Ressurreição de Jesus. Como enfatiza São Paulo: "Se Cristo não ressuscitou, a fé que vocês têm não possui fundamento" (1Cor 15,17). Sim, sem essa certeza, tudo seria em vão, inútil! Nós cultuamos e celebramos um Deus que está morto? Não, muito pelo contrário, nós cremos, acreditamos e professamos, com todo o nosso coração, a certeza de que Jesus está vivo e que Ele ressuscitou dos mortos. E, assim como Jesus ressuscitou, nós também ressuscitaremos com Ele, essa é a nossa fé, é a nossa esperança. Temos de ser convictos naquilo em que cremos e precisamos dar razões à nossa fé! Nós cremos na ressurreição, assim como o Senhor ressuscitou, nós também ressuscitaremos. A Ressurreição de Jesus Cristo é centro da nossa fé, o que dá sentido à nossa vida, é a certeza da nossa ressurreição.

Para aprofundar e refletir

A Ressurreição de Jesus, centro da mensagem cristã, que ressoou desde os primórdios e foi transmitida para que chegasse até nós, tem seu fundamento no testemunho dos Apóstolos, na tradição, e é constituída pelos documentos do Novo Testamento, juntamente com à cruz pregada, como parte essencial do mistério pascal (cf. CIgC, n. 638). O Catecismo afirma ainda que a ressurreição constitui antes de tudo a confirmação de tudo o que o próprio Cristo fez e ensinou. É o cumprimento das promessas do Antigo Testamento e do próprio Jesus durante sua vida terrestre (cf. CIgC, 651-652).

Ler e meditar:

✓ Os números 638, 640 e 655 do Catecismo da Igreja Católica.

4. MEDITANDO A PALAVRA

Orientar uma meditação sobre a Palavra que ouviram e a leitura das questões propostas, para que possam responder. Se quiser, pode propor que pequenos grupos de catequizandos conversem sobre as questões.

✓ O que a Palavra de Deus que foi proclamada te ensina?

✓ Como deve ser sua vida no dia a dia para alcançar a ressurreição prometida por Jesus?

✓ Qual a diferença entre crer na ressurreição e na reencarnação? No que crê o cristão batizado?

Incentivar os catequizandos a escreverem, em seus livros, o que acreditam que seja importante para sua vida cristã. Em seguida, motivar a partilha do que escreveram.

Propor aos catequizandos que formem dois grupos para participarem de uma dinâmica abordando diferentes situações encontradas em nossa sociedade.

Grupo 1: Preparar uma encenação ou fazer um cartaz apresentando situações de VIDA. Exemplos: natureza bem cuidada, crianças na escola ou brincando, pessoas trabalhando, famílias reunidas em uma refeição, bairros bem cuidados, médicos atendendo pacientes, amigos se tratando com respeito.

Grupo 2: Preparar uma encenação ou fazer um cartaz apresentando situações de MORTE. Exemplos: desabamentos de morros, lixões, crianças abandonadas, pessoas com pratos vazios, moradores de rua, pessoas em situação de risco, dependentes químicos, amigos se tratando desrespeitosamente.

5. REZANDO COM A PALAVRA

Instruir o grupo para que, tendo ouvido e meditado a Palavra, pense: o que cada um quer dizer a Deus?

Aguardar um tempo de silêncio para que os catequizandos façam sua oração pessoal e a escrevam em seus livros.

Recordar ao grupo que o Creio é nossa profissão de fé, ou seja, é a expressão das verdades da nossa fé. Convidar, então, para que digam juntos o Creio, procurando interiorizar as palavras que fundamentam nossa fé.

Motivar para um momento diante do Círio Pascal aceso (ou da vela acesa). Lembrar que a luz nos recorda o Cristo Ressuscitado, pois Ele disse "Eu sou a luz do mundo".

Passar a vela de mão em mão, ou estender as mãos em direção à vela acesa ou ao Círio Pascal e dizer: *Creio, Senhor, mas aumenta a minha fé.*

Para finalizar, se for possível, propor o refrão de um canto (o sugerido ou outro à sua escolha).

Canto: *Eu creio num mundo novo* (Padre Geraldo Pennock).

6. VIVENDO A PALAVRA

Comentar com os catequizandos que nós, cristãos, cremos no Deus vivo, Jesus Ressuscitado no meio de nós, acompanhando nossa caminhada de vida. Por isso, para esta semana, o compromisso será para ajudar a compreender e a reconhecer a importância da Ressurreição de Jesus.

Incentivar os catequizandos a, durante a semana, conversarem com os pais ou responsáveis sobre a importância de crer na Ressurreição de Jesus.

Cada um deverá, também, escrever uma mensagem sobre a Ressurreição de Jesus, que será entregue a um colega no próximo encontro.

25º ENCONTRO

RECONHECERAM-NO AO PARTIR O PÃO

Sentido do encontro

Os gestos e atitudes de Jesus levaram os discípulos de Emaús a reconhecê-lo ao partir o pão. Imediatamente (cf. Lc 23,33), eles voltam à comunidade para anunciar o Ressuscitado.

Objetivo

Reconhecer que Jesus se faz presente na Eucaristia e na vida da comunidade eclesial.

Ambientação

No centro da sala, sobre um tecido branco, usar também um tecido na cor referente ao tempo litúrgico, Bíblia, vela, flores e um pão.

Acolhida

Receber o grupo com alegria, acolhendo cada um com um abraço.

1. OLHANDO PARA A VIDA

Perguntar: o que cada um recorda do encontro anterior, sobre a Ressurreição de Jesus? Quais as ideias mais importantes que foram discutidas?

E sobre os compromissos propostos? Conversaram em casa sobre o tema do encontro? Quem trouxe a mensagem sobre a Ressurreição de Jesus pode entregá-la agora a um colega.

Comentar que este encontro será muito bonito e importante para descobrirmos quem é Jesus em nossa vida.

2. ORAÇÃO INICIAL

Acende-se a vela...

Propor a escuta atenta de um refrão meditativo (escolher) e convidar para a oração fazendo o sinal da cruz e rezando juntos o Pai-nosso.

Motivar a fazerem uma oração pedindo para sermos capazes de reconhecer a presença de Jesus ao nosso lado. Você dirá a oração e, em seguida, o grupo irá repetir.

Senhor Jesus, fazei com que sejamos capazes de reconhecer teu amor e tua presença nas celebrações de que participamos, em nossos irmãos de comunidade e também naquele mais necessitado e, às vezes, afastado de ti. Amém.

3. ESCUTANDO A PALAVRA

Orientar a escuta da Palavra e convidar um catequizando para proclamar o texto do Evangelho segundo São Lucas 24,13-35. Depois, fazer uma nova leitura do texto, orientando que cada versículo seja lido por um catequizando.

Fazer uma breve reflexão sobre a Palavra proclamada, dialogando com os catequizandos, para ajudá-los a compreender o texto. A partir da reflexão, pedir que os catequizandos leiam e conversem sobre as perguntas formuladas, anotando suas respostas.

a) Qual é o assunto do texto que você leu?
b) Quais são os personagens? Como eles se sentem e onde estão?
c) O que acontece com os personagens no caminho?
d) O que mais chamou a sua atenção nessa leitura?

Formar duplas para uma nova leitura do texto, enquanto caminham pela sala e partilham a narrativa.

Compreendendo a Palavra

O relato de Lucas 24,13 começa com as palavras "nesse mesmo dia". Devemos já fazer uma parada e nos perguntar "que dia"? Para nós, seria o dia da ressurreição, mas para os dois discípulos era simplesmente o terceiro dia da morte de Jesus! Dia de desânimo, de tristeza. "Os dois iam para um povoado chamado Emaús, distante onze quilômetros de Jerusalém" (cf. Lc 24,13). Aqui é bom lembrar que o bom judeu não podia caminhar mais do que um quilômetro no dia de sábado. Portanto, era impossível que eles viajassem no dia anterior. Domingo é a sua primeira oportunidade para sair de Jerusalém, e aproveitaram bem, já estão voltando para as suas casas desiludidos, decepcionados e sem perspectivas. A cena começa com a desintegração da comunidade cristã. Tudo acabou e a comunidade se dispersa, não há nem alegria, nem esperança. De repente, no caminho, surge Jesus, sem ser reconhecido. Com isso, Lucas quer dizer que o

Ressuscitado não é um defunto que voltou a viver – tem uma nova maneira de ser, um corpo glorificado. É importante notar como Jesus se comporta, por meio dos verbos que Lucas usa: Ele "aproximou-se", "caminhou com eles" e "perguntou". Ele não veio dando de dedo, nem realizando explicações bíblicas. Ele criou um ambiente de fraternidade em que fosse possível explicar tanto a vida como resgatar as Escrituras.

Quantas vezes isso falta em nossos grupos, nossas comunidades – não nos aproximamos uns dos outros, mantemos distância! Não caminhamos juntos, queremos dar soluções sem conhecer a realidade dos nossos irmãos e irmãs! "É fundamental notar que os discípulos reconheceram Jesus quando Ele repetiu o gesto que marcou toda a sua vida e deu sentido vivo à Eucaristia: Ele partiu o pão para partilhá-lo" (BÍBLIA, 2014). Para conhecer o Senhor, é necessário caminhar com Ele, escutar longa e atentamente sua Palavra, deixar-se cativar por Ele, sentar-se à mesa com Ele e deixar que Ele parta e reparta o pão da vida. E, depois de conhecê-lo, é necessário realizar imediatamente o caminho de volta para a comunidade, para partilhar com os outros a experiência do encontro com o Senhor, professar juntos a fé comum e realizar as obras do Reino. Jesus continua presente em nossas famílias, comunidades, de modo especial na Eucaristia e na proclamação da Palavra.

Para aprofundar e refletir

"Nisto seus olhos se abriram e eles reconheceram Jesus" (Lc 24,31). A aparição de Jesus aos discípulos de Emaús apresenta a primitiva Igreja dos discípulos a caminho da fé e revela os elementos constitutivos da vida da comunidade. Temos aqui uma comunidade que escuta a Palavra de Deus presente nas escrituras e, pela escuta, chega à fé na presença do Ressuscitado que se encontra no meio dos seus enquanto parte o pão. Dessa forma, são colocados em destaque dois grandes elementos da Liturgia da Palavra e da Eucaristia: primeiro, o encontro dos discípulos com Jesus não se dá em um encontro extraordinário, mas na Palavra que o desconhecido dirige a eles no caminho. Palavra que recorda tudo o que aconteceu, do misterioso desígnio de salvação de Deus em que a cruz não é uma catástrofe, e sim o caminho necessário para a salvação. Essa palavra de consolação e esperança ressoa ainda hoje na Igreja, especialmente na assembleia litúrgica. Em segundo lugar, Cristo está presente no partir o pão. Só nesse momento os discípulos compreendem e sentem arder o coração com a presença de Cristo. Também nossa relação não se dá no ver e no tocar, mas sim no ouvir a Palavra e na refeição sacramental (cf. SAGRADA CONGREGAÇÃO PARA O CULTO DIVINO, 1998, p. 341-343). A pessoa encontra o sentido do seu viver e começa a dar uma orientação nova para sua vida, a partir do acontecimento do encontro com Jesus Cristo e do encontro com Ele. Os evangelhos, em suas diferentes formas de explicitar, nos mostram que o ser cristão inicia um encontro de fé com a pessoa de Jesus (Jo 1,35-39).

Ler e meditar:

- ✓ Os textos do Evangelho de João 4,1-38 e do livro de Atos 8,26-40.
- ✓ O número 243 do Documento de Aparecida.

4. MEDITANDO A PALAVRA

Recordar que o mistério pascal de Jesus é o centro da nossa fé e, como cristãos, somos chamados a dar testemunho do Ressuscitado.

Encaminhar os catequizandos para uma meditação do texto dos discípulos de Emaús para que, em seguida, respondam às questões apresentadas.

- ✓ O que a Palavra te fala? Que apelos ela faz você dizer?
- ✓ Que decepções e tristezas podem nos cegar e não nos deixar reconhecer que Jesus caminha conosco?
- ✓ Você crê na Ressurreição de Jesus?
- ✓ Você também crê em sua presença nas pessoas, nos acontecimentos e na Eucaristia?

Perguntar: como tem sido sua participação e a de sua família na missa dominical? Você considera importante participar na missa dominical? Por quê?

Solicitar aos catequizandos que, tendo em mente tudo o que aprenderam no encontro, escrevam em seus livros o que consideram importante para a vida cristã. Em seguida, proponha uma partilha do que cada um escreveu.

5. REZANDO COM A PALAVRA

Comentar que, quando somos tocados pela Palavra de Deus, nós podemos transformá-la em oração conforme o que está em nosso coração e em nossa mente.

Encorajar os catequizandos para transformar em oração a Palavra que foi proclamada hoje, convidando para um momento de encontro com Jesus. Cada catequizando deverá escrever, em silêncio, sua oração de súplica ou de louvor.

Sobre a mesa ou num lugar visível a todos, colocar um pão; pedir que, olhando para esse pão, pensem para que ele serve.

Questionar: todas as pessoas têm igualmente o pão diário?

Incentivar que cada um se manifeste e perguntar o motivo da resposta que foi dada.

Com preces espontâneas, fazer juntos um agradecimento pelo pão de cada dia e pelo pão da Palavra e da Eucaristia, dons de Deus para nós.

Dizer que Jesus, na última ceia, fez o gesto de partir o pão para ser partilhado. Lembrando agora esse gesto de Jesus, convidar a partir o pão e reparti-lo no grupo, fazendo a experiência dos discípulos de Emaús e sentindo aquecer nosso coração.

Partir o pão, entregando a cada catequizando um pedaço. Enquanto isso, cantar: *Fica conosco, Senhor* (Pe. João Carlos).

6. VIVENDO A PALAVRA

Animar o grupo para o compromisso desta semana: ler e refletir em família a Palavra de Deus que ouviu neste encontro e partilhar o que aprendeu.

Lembrar ao grupo a importância de participar da missa dominical, como momento especial para dar graças a nosso Deus e de encontro com Jesus.

- ✓ Motivar os catequizandos a conversarem com a família sobre isso e convidarem para participar juntos da celebração na comunidade.

26º ENCONTRO

IDE ANUNCIAR A BOA-NOVA A TODOS OS POVOS

Sentido do encontro

O mandato de Jesus aos seus discípulos é para que continuem sua própria missão entre a humanidade. É o que o Senhor Ressuscitado pede a todo cristão. É nosso compromisso de batizados anunciar a boa notícia, Jesus, a todas as pessoas.

Objetivo

Compreender que todo batizado tem a missão de ser missionário, anunciando a Palavra.

Ambientação

Sobre um tecido branco, colocar um outro da cor litúrgica referente ao tempo, Bíblia, vela, flores, uma sandália e, se possível, um globo.

Acolhida

Acolher o grupo demonstrando alegria de recebê-los para o encontro.

1. OLHANDO PARA A VIDA

Propor que, em duplas, partilhem as coisas que aconteceram durante a semana em casa, na escola, na comunidade.

Perguntar: como se sentiu ao cumprir o compromisso do encontro anterior?

Comentar que neste encontro irão conhecer e compreender a missão de todo batizado, deixada por Jesus. Perguntar se alguém saberia dizer que missão é essa.

2. ORAÇÃO INICIAL

Acende-se a vela...

Motivar para a oração com um refrão (escolher).

Canto: *Teu sol não se apagará* (Agostinha Vieira de Melo).

Explicar que a oração Glória ao Pai é um hino de louvor e glorificação a Deus, uma invocação curta que nos inspira fé, esperança e amor, nos recorda a força da Santíssima Trindade e a origem de tudo. Convidar para rezarem juntos essa breve oração:

> *Glória ao Pai, e ao Filho e ao Espírito Santo. Como era no princípio, agora e sempre. Amém.*

3. ESCUTANDO A PALAVRA

Motivar para aclamar a Palavra de Deus que será proclamada, cantando (escolher um canto de aclamação conhecido por todos).

Convidar um catequizando para proclamar o Evangelho segundo São Marcos 16,9-16.

Propor uma leitura do texto, na qual cada catequizando lê um versículo.

Fazer uma pequena reflexão sobre o texto proclamado, motivando o grupo a participar. A partir da reflexão, orientar os catequizandos a lerem as perguntas apresentadas, pensarem sobre o que responder e escreverem suas respostas.

a) O que o texto diz? Qual o assunto desse texto?

b) O que mais chamou a sua atenção nessa passagem do Evangelho? Por quê?

Compreendendo a Palavra

O Evangelista Marcos inicia seu Evangelho dizendo: "Começo da boa-notícia de Jesus, o Messias, o Filho de Deus" (Mc 1,1). Assim compreendemos que os discípulos de Jesus são chamados a anunciar não qualquer coisa e qualquer pessoa, mas sim Jesus Ressuscitado, e sua mensagem de vida e de esperança. Conforme os cristãos proclamavam uma mensagem nova, as pessoas sentiam Jesus como uma boa notícia, que lhes fazia bem e tirava o medo de Deus, pois seus gestos, sua misericórdia, seu amor e o seu perdão mostravam proximidade, ternura e compaixão. Aos poucos, essa boa notícia começou a chegar mais longe, além do pequeno grupo, expandindo-se para alcançar a todos os povos e chegar a toda a criação. A fé em Jesus Ressuscitado e o nosso compromisso batismal devem nos impulsionar a levarmos esse anúncio de Jesus a todos, sem medo. Vivemos hoje, em um mundo fechado, com medo, e a ele devemos levar e ser boa notícia para tantas pessoas. Jesus nos promete estar conosco todos os dias, até o fim dos tempos. Então, coragem! Não podemos nos omitir em viver e anunciar a alegria do Evangelho.

Para aprofundar e refletir

Como batizados, sentimos o apelo de sermos anunciadores da boa-nova de Jesus, porque pelo Batismo cada um é chamado e enviado a fazer novos seguidores, novos discípulos missionários de Jesus Cristo (cf. Mt 28,19). Cada batizado, conforme sua instrução de fé e função na Igreja, é sujeito de evangelização e deve crescer nessa consciência e convicção para que ninguém renuncie ao seu compromisso de evangelização. O Papa Francisco nos alerta que

> Se uma pessoa experimentou verdadeiramente o amor de Deus que o salva, não precisa de muito tempo de preparação para sair a anunciá-lo, não pode esperar que lhe deem muitas lições ou longas instruções. Cada cristão é missionário, na medida em que se encontrou com o amor de Deus em Cristo Jesus (EG, n. 120).

Os primeiros discípulos, ao conhecerem Jesus, saíram proclamando cheios de alegria: "encontramos o Messias" (Jo 1,41). A samaritana, logo que terminou o seu diálogo com Jesus, tornou-se missionária, e muitos samaritanos acreditaram em Jesus devido às palavras da mulher (Jo 4,39). Também São Paulo, depois do seu encontro com Jesus Cristo, começou imediatamente a proclamar que "Jesus era o Filho de Deus" (At 9,20).

Ler e meditar:

✓ O número 120 da exortação apostólica *Evangelii Gaudium*, para melhor compreender o mandato do Senhor.

4. MEDITANDO A PALAVRA

Orientar o grupo a ler as questões propostas e meditar em busca de suas respostas.

Dizer que podem conversar com os colegas sobre as questões e perguntar suas dúvidas.

✓ O que a Palavra proclamada te ensina?
✓ Você entende que ser cristão é ser missionário? Por quê?
✓ Nossa catequese tem sido missionária? Por quê?
✓ Como batizados, todos somos missionários. Como é viver isso na prática?
✓ Você tem participado da dimensão missionária em nossa comunidade? Como?

Formar pequenos grupos e pedir que façam cartazes que mostrem imagens de pessoas em trabalho missionário.

Depois de terem feito os seus cartazes, cada grupo irá explicar o que fez.

5. REZANDO COM A PALAVRA

Pedir que olhem para os símbolos que estão colocados na sala e motivar cada um a dirigir sua oração a Deus, tendo presente tudo o que ouviu e meditou hoje.

Em silêncio, cada catequizando faz sua oração pessoal, escreve e, depois, partilha com o grupo.

6. VIVENDO A PALAVRA

Comentar que agora todos ali sabem que o mandato de Jesus a seus discípulos é também para todos os batizados. Jesus espera que sejamos missionários, anunciando seu Evangelho onde estivermos. Por isso, o compromisso para esta semana será pensar como cada um pode ser um missionário de Jesus em casa, na escola, na comunidade, com os amigos.

Pedir que cada um escreva o que pode fazer ou gostaria de fazer.

27º ENCONTRO

O ESPÍRITO SANTO UNE A IGREJA

Sentido do encontro

O Espírito Santo, enviado por Jesus Ressuscitado, enriquece a Igreja com seus dons e carismas distribuídos a cada um dos seus membros, para o bem de todos. A Igreja se fortalece e caminha na comunhão das pessoas que colocam seus dons e suas capacidades a serviço da vida, da justiça e da paz.

Objetivo

Perceber o sentido de pertença à comunidade-Igreja, para com ela contribuírem com seus dons e carismas.

Ambientação

Cadeiras dispostas em círculo, Bíblia, vela em lugar de destaque, tarjas de papel em branco, alguns pincéis ou canetas coloridas.

Acolhida

Receber cada catequizando com um abraço e palavras como "que bom que você está aqui!"

1. OLHANDO PARA A VIDA

Iniciar o encontro ouvindo o que os catequizandos têm a partilhar sobre os acontecimentos da semana, o que lhes deu alegria ou tristeza.

Recordar o tema do encontro anterior e perguntar: o que vocês se lembram do nosso encontro?

Perguntar sobre os compromissos assumidos: o que cada um pensou sobre como ser um missionário de Jesus? O que gostaria de fazer?

2. ORAÇÃO INICIAL

Acende-se a vela...

Motivar o grupo para um momento de oração, iniciando com o sinal da cruz e convidando para rezarem juntos a oração ao Espírito Santo.

> *Vinde, Espírito Santo, enchei os corações dos vossos fiéis e acendei neles o fogo do vosso amor. Enviai Senhor, o vosso Espírito, e tudo será criado e renovareis a face da terra.*
>
> ***Oremos**: Deus, que instruístes os corações dos vossos fiéis com a luz do Espírito Santo, fazei que apreciemos retamente todas as coisas, segundo o mesmo Espírito, e gozemos sempre de sua consolação. Por Cristo, Senhor nosso. Amém!*

Finalizar a oração com um refrão à sua escolha, alusivo ao Espírito Santo.

3. ESCUTANDO A PALAVRA

Orientar a escuta da Palavra, dizendo que, na Carta aos Coríntios, São Paulo nos fala sobre a diversidade da Igreja, sustentada pelo Espírito Santo, para cumprir sua missão entre as pessoas.

Convidar um catequizando para proclamar o texto bíblico de 1Cor 12,4-11 (todos em pé).

Em seguida, pedir que cada um faça uma nova leitura individual do texto, em silêncio.

Dialogando com os catequizandos, fazer uma breve reflexão sobre o texto bíblico, conforme os textos apresentados em *Compreendendo a Palavra* e *Para aprofundar e refletir*. Concluída a reflexão, incentive o grupo a ler e pensar sobre os questionamentos propostos, e anotar as respostas. Se for necessário, ajude os catequizandos a encontrarem suas respostas a cada pergunta.

a) Sobre o que é o texto que foi proclamado?

b) Quais são os dons e os carismas que o Espírito Santo concede a cada pessoa?

c) O que você deve fazer, segundo esse texto, com dons e carismas que recebe do Espírito Santo?

Compreendendo a Palavra

Paulo dedica esse texto para falar dos carismas e dos dons espirituais. Todos os dons e carismas vêm da comunidade trinitária, isto é, da comunidade divina, em vista do bem da comunidade humana. São manifestações do Espírito no meio de uma comunidade reunida em assembleia. Para discernirmos os dons do Espírito, é importante termos claro que Jesus é o Senhor, Ele é o Senhor de nossas vidas. Esse trecho da Carta aos Coríntios apresenta, em detalhes, o quadro de uma Igreja cristã que serve ao seu Deus. "Cada pessoa na comunidade recebe um dom, ou melhor, é um dom para o bem de todos, por isso cada um, sendo o que é e fazendo o que pode, age para o bem da comunidade, colocando-se a serviço de todos como dom gratuito" (BÍBLIA SAGRADA, 1990, p. 1405). Os dons são desenvolvidos pelo Espírito, na medida em que a pessoa se coloca em uma atitude de acolhida e abertura. Todos os dons e carismas existem em vista do bem e do crescimento da comunidade, e não em benefício próprio. Os dons apresentados nessa carta estão ligados à Palavra, outros ao poder, à profecia, ao discernimento, tudo para a edificação da comunidade cristã e o bem comum de todos.

Para aprofundar e refletir

Os carismas nunca estiveram ausentes da Igreja. Eles dão vida e dinamismo à Igreja e nela "O Espírito Santo é quem unifica na comunhão e no ministério e provê sua Igreja com diversos dons hierárquicos e carismáticos através dos tempos, vivificando, como se fosse sua alma, as instituições" (AG, n. 4). O documento sobre os cristãos leigos reflete que a diversidade de dons suscitada pelo Espírito possibilita respostas criativas aos desafios de cada momento histórico (cf. 1Cor 12,4-10; Rm 12,6-8; 1Pd 4,10-11). Por meio dos carismas, serviços e ministérios, o Espírito Santo capacita a todos na Igreja para o bem comum, para a missão evangelizadora e a transformação social em vista do Reino de Deus. Os carismas, segundo São João Paulo II, "são dons e impulsos especiais que podem assumir as mais variadas formas, como expressão da liberdade absoluta do Espírito e como resposta às necessidades da Igreja; têm uma utilidade eclesial, quer sejam extraordinários ou simples" (Doc. 105, n. 152). É importante compreender que todo ministério é um carisma, por ser um dom de Deus, mas nem todo carisma é um ministério, pois o ministério é uma forma de serviço bem determinado, envolvendo um conjunto mais amplo de funções que responda a exigências permanentes da comunidade e da missão, comporte verdadeira responsabilidade e seja colhido e reconhecido pela comunidade eclesial. É dever e missão da Igreja incentivar e promover a diversidade desses serviços e ministérios em vista do bem de todos e de uma Igreja toda ministerial, participativa e sinodal.

Ler e meditar:

- ✓ O texto de 1Coríntios 12,1-31.
- ✓ Os números 151, 152 e 153 do Documento 105 da CNBB: *Cristãos leigos e leigas na Igreja e na sociedade.*

4. MEDITANDO A PALAVRA

Orientar o grupo para ler, pensar e conversar com os colegas sobre as questões propostas.

- ✓ O que a Palavra que ouviu diz para você?
- ✓ O que essa Palavra te ensina e pede?
- ✓ Você já pensou e consegue identificar quais os dons ou qual carisma você tem? Como pode começar a ajudar a comunidade?

Aguardar enquanto pensam e conversam e, em seguida, pedir que escrevam em seus livros: que ensinamento a Palavra que ouviu hoje te deu? Como ele é importante para sua vida?

Perguntar: quais serviços e ministérios existentes na comunidade o grupo conhece?

Solicitar que escrevam nas tarjas que lhes entregar o nome desses serviços e ministérios conhecidos.

5. REZANDO COM A PALAVRA

Motivar o grupo a conversar com Deus a partir de tudo o que ouviu e aprendeu no encontro.

Perguntar: o que a Palavra leva você a dizer a Deus? Incentivar o silêncio no coração para que possam fazer uma oração. Depois de um tempo, pedir que escrevam sua oração para partilha com os colegas no grupo.

Comentar que todo cristão batizado é chamado a ser sal da terra e luz no mundo, a fazer a diferença onde está com sua vida e seu testemunho. Muitas pessoas colocam sua vida a serviço do bem de todos, dizendo sim a esse chamado. Devemos dar graças a Deus por todas essas pessoas: ministros, religiosos, catequistas, agentes de pastoral e tantos outros que atuam em nossas comunidades.

Incentivar a citarem o nome de algum serviço existente na comunidade a dizerem todos juntos: *Obrigado, Senhor*.

Convidar a rezarem juntos o Salmo 23, na Bíblia.

6. VIVENDO A PALAVRA

Como cristãos que ouvem e querem seguir o que Jesus nos ensina, reconhecemos que somos chamados a usar os dons recebidos em favor da vida e do bem de todos. Por isso, o compromisso para a semana será procurar identificar: o que cada um pode assumir a partir deste encontro?

28° ENCONTRO

TRINDADE SANTA: MODELO DE COMUNIDADE

Sentido do encontro

Cada um de nós carrega em si a marca do Deus Uno e Trino. As três Pessoas divinas são distintas, com identidades próprias, mas constituem um mesmo e único Deus. A comunidade trinitária é modelo de unidade e de fraternidade, e nos convida a viver essa realidade entre nós.

Objetivo

Entender que as três Pessoas da Santíssima Trindade constituem um mesmo e único Deus.

Ambientação

Sobre um tecido branco, colocar em destaque a Bíblia, a vela, um quadro da Santíssima Trindade e uma vasilha com água.

Acolhida

Acolher cada catequizando com alegria, chamando-o pelo nome.

1. OLHANDO PARA A VIDA

Recordar o compromisso do encontro anterior e pedir que os catequizandos partilhem o que assumiram e como fizeram para cumpri-lo.

2. ORAÇÃO INICIAL

Acende-se a vela...

Iniciando o encontro em nome da Trindade Santa, fazer o sinal da cruz.

Comentar: Na realidade em que vivemos, constatamos sofrimentos, dificuldades e divisões, mas a certeza do amor de um Deus Trindade nos sustenta, anima e consola.

Convidar para ouvirem (ou cantarem) o refrão de um canto à Trindade (o sugerido ou outro à sua escolha).

Refrão: *Ó Trindade, vos louvamos* (Letra: Ir. Maria Luiza Ricciardi | Música: Pe. Ronoaldo Pelaquin).

3. ESCUTANDO A PALAVRA

Motivar o grupo para a escuta da Palavra (se possível propor um canto de aclamação) e convidar um catequizando para proclamar o Evangelho segundo São Mateus 28,16-20.

Após uns instantes de silêncio, para interiorização, pedir que outro catequizando faça uma nova leitura.

Apresentar uma breve reflexão sobre o texto bíblico, sempre motivando a participação dos catequizandos. A partir da reflexão, pedir que os catequizandos releiam, em silêncio, o texto, respondam às questões propostas e anotem suas respostas.

a) Quais são os personagens do texto proclamado?
b) Onde acontece a cena? Qual é a atitude dos discípulos?
c) Quais são as palavras de Jesus aos discípulos?

Compreendendo a Palavra

Os discípulos eram pessoas simples, tinham dificuldade para compreender tudo o que Jesus dizia e ensinava. Jesus aparece diante deles, pela última vez, depois de ter ressuscitado, e não se abalou quando percebeu que alguns ainda duvidavam. Ele conhecia a fraqueza humana deles, embora tivessem um bom coração e confiassem na Palavra de Jesus. Por isso, falou com autoridade para que eles continuassem aqui na terra a missão de formar discípulos, batizando-os em nome do Espírito Santo. Esse mandato é também para nós que buscamos hoje ser discípulos e discípulas de Jesus Cristo. Por isso, precisamos também assumir a Palavra do Evangelho com coragem e sem medo. Ouvir o seu mandato, que diz: "Ide e fazei discípulos meus todos os povos, batizando-os em nome do Pai, do Filho e do Espírito Santo" (Mt 28,19). Essa palavra de Jesus confirma a nossa missão de missionários do Reino e, também, que somos enviados pela Santíssima Trindade, primeira comunidade e modelo de unidade no amor. A nossa missão é observar tudo o que Jesus nos ordenou e ajudar os outros a viver e anunciar essa mesma missão.

Para aprofundar e refletir

Ao abordar sobre o mistério da Santíssima Trindade, o Catecismo da Igreja Católica explica que esse mistério é o centro da nossa fé e da vida cristã, é fonte de todos os outros mistérios da fé, é a luz que os ilumina (cf. CIgC, n. 234). A dimensão trinitária é composta por uma família constituída de três pessoas que se amam mutuamente ao ponto de se tornarem uma única pessoa. Porém, há uma distinção entre si por suas relações de origem: é o Pai que gera, o Filho que é gerado, o Espírito Santo que procede. Essa família divina não vive fechada em si mesma, mas é aberta, e desde a criação e ao longo da história procurou comunicar-se e adentrar no mundo dos homens, convidando todos a fazerem parte dela. O Papa Francisco (2014), na solenidade da Santíssima Trindade, na oração do Ângelus, menciona que o Espírito Santo, dom de Jesus Ressuscitado, nos comunica a vida divina e nos impulsiona para assumirmos o dinamismo do amor da Trindade, para viver a comunhão e colocarmo-nos a serviço dos irmãos e irmãs. Com isso, somos inspirados a compreender que a Trindade nos convida a sermos instrumentos de comunhão, de amor, de consolação.

Ler e meditar:

✓ Os números 253 e 254 do Catecismo da Igreja Católica.

4. MEDITANDO A PALAVRA

Orientar o grupo a fazer a leitura das questões apresentadas e pensar sobre suas respostas.

- ✓ O que a Palavra de Deus proclamada e a realidade da Santíssima Trindade dizem a você?
- ✓ O que ensina a Santíssima Trindade?
- ✓ Você já pensou no que significa dizer "em nome do Pai, e do Filho e do Espírito Santo"?
- ✓ Como o mundo, a sociedade e a Igreja vivem a comunhão ensinada pela Trindade Santa?

Perguntar: de tudo o que vocês ouviram neste encontro, o que é importante para ajudar a crescer na vida cristã? Anotar no livro e partilhar com o grupo.

5. REZANDO COM A PALAVRA

O que você quer dizer a Deus hoje?

Motivar o grupo a olhar para a imagem da Trindade Santa, em silêncio, deixando que os inspire. Depois de alguns minutos, perguntar: que oração cada um quer dirigir ao Deus Trindade?

Pegar a vasilha com água e mostrar aos catequizandos, dizendo que a água nos lembra de que fomos batizados em nome da Trindade Santa, "em nome do Pai, e do Filho e do Espírito Santo".

Pedir que estendam as mãos em direção à água para dizer a oração:

> *Ó Deus, fonte de toda bênção, nós vos bendizemos por esta água que criastes para fecundar a terra e para manter viva a vossa criação. Pelo sinal desta água, renovai em nós o desejo do vosso Espírito. Amém.*

Após a oração, motivar os catequizandos a molharem os dedos e traçarem sobre si o sinal da cruz, recordando seu Batismo na Trindade Santa. Enquanto isso, colocar um canto (este sugerido ou outro à sua escolha).

Canto: *Agora é tempo de ser Igreja* (Maria Luiza Ricciardi).

Quando todos tiverem voltado aos seus lugares, convidar para a bênção.

> *Ó Deus, enviastes ao mundo vossa Palavra e vosso Santo Espírito, e assim não cansais de partilhar conosco vossa vida. Que a nossa vida de comunidade possa testemunhar nossa comunhão convosco. A vós, a glória para sempre. Amém.*
>
> *Bênção: Ó Deus da vida, que se fez comunhão na Trindade, renovai-nos na alegria do vosso amor e abençoai-nos: em nome do Pai, e do Filho e do Espírito Santo. Amém.*

6. VIVENDO A PALAVRA

Solicitar ao grupo que, a partir do que aprenderam hoje, pensem: o que este encontro sobre a Santíssima Trindade convida cada um a fazer e viver?

Explicar que o compromisso para a semana será promover uma conversa em casa, com os pais e irmãos, para que pensem juntos e identifiquem se a família vive como ensina a Trindade Santa, com amor, amizade e perdão.

29º ENCONTRO

O DISCÍPULO DE JESUS É CHAMADO A SER SAL DA TERRA E LUZ DO MUNDO

Sentido do encontro

Como discípulos de Jesus, em nossa maneira de viver e de nos relacionarmos com os outros, precisamos estar comprometidos em sermos luz que ilumina o caminho das pessoas e sal que dá sabor e sentido à vida.

Objetivo

Compreender a importância de respondermos ao chamado de Jesus com alegria, sendo sal da terra e luz para o mundo.

Ambientação

A Bíblia, uma vela em destaque e um pequeno recipiente com sal. Organizar as cadeiras em forma de círculo e providenciar, se possível, um saquinho com um pouco de sal e uma velinha para cada catequizando.

Acolhida

Acolher os catequizandos com alegria e palavras de boas-vindas.

1. OLHANDO PARA A VIDA

Promover uma conversa animada sobre os acontecimentos da semana: o que foi importante? Por quê? O que foi diferente?

Motivar a partilha do compromisso do encontro anterior: como foi a conversa com a família? O que cada um sentiu nessa conversa?

Introduzir o tema do encontro, perguntando: qual a importância da luz e do sal na vida das pessoas? E qual a utilidade em nossa vida?

Deixar que cada um se expresse livremente, sem procurar direcionar nem corrigir o que disserem.

2. ORAÇÃO INICIAL

Acende-se a vela...

Fazer uma motivação para este momento orante. Para isso, pode convidar para ouvirem um refrão de meditação sugestivo (escolher).

Pedir que olhem para a vela acesa, enquanto continua o canto. Em seguida, propor que façam a experiência de não enxergar; para isso, irão permanecer alguns instantes com os olhos fechados.

Perguntar: que pensamentos teve? Qual a sensação, quais os sentimentos que a experiência despertou em cada um? Aguardar que os catequizandos se manifestem, ouvindo cada um.

Convidar para dizerem juntos o Salmo 27,1 refletindo com atenção sobre as palavras do salmista.

> *O Senhor é minha luz e minha salvação, de quem terei medo?*
>
> *Senhor é o amparo da minha vida, a quem temerei? (Sl 27,1)*

3. ESCUTANDO A PALAVRA

Preparar para a proclamação da Palavra com um canto de aclamação que seja bem conhecido por todos (escolher).

Encaminhar a proclamação do Evangelho segundo São Mateus 5,13-16, que poderá ser realizada pelo catequista ou por um dos catequizandos.

Ler uma segunda vez, pausadamente, destacando algumas palavras do texto.

Apresentar uma pequena reflexão sobre essa passagem do Evangelho, ajudando o grupo a compreender o sentido do texto. Após a reflexão, pedir que o grupo leia e converse sobre as questões propostas e, depois, escreva as respostas no livro.

- a) Sobre o que fala a Palavra proclamada hoje? O que mais chamou a sua atenção nesse texto?
- b) Qual palavra ou expressão mais te tocou? Por quê?
- c) O que Jesus expressa ao dizer: "Vocês são o sal da terra e a luz do mundo"?

Compreendendo a Palavra

Todo discípulo de Jesus deve ser uma pessoa iluminada para poder iluminar as outras pessoas, seus caminhos e suas situações mais difíceis. Quem se aproxima de nós deve sentir a luz que vem de Deus, sentir o sabor de estar junto, de conviver e de partilhar a vida. Depois de Jesus nos ter apresentado o seu projeto no Sermão da Montanha, com as bem-aventuranças, agora nos compromete e nos responsabiliza pela vida dos nossos irmãos e irmãs. Jesus usa a imagem da luz e do sal para nos dizer que o cristão é responsável por a humanidade não se estragar, não apodrecer em meio a tantas dificuldades, injustiças e desigualdades. Jesus é claro ao dizer que não se acende uma luz para colocá-la debaixo da mesa, mas no alto, para que ilumine. O sal é a imagem do discernimento para distinguirmos o bem do mal, o que é de Deus e o que é contra Deus, o que faz bem e o que faz mal para a vida das pessoas. Que a nossa luz brilhe diante das pessoas, para que vejam nossas boas ações e glorifiquem o Pai que está no céu.

Para aprofundar e refletir

Para podermos ser discípulos de Jesus, sermos sal da terra e luz do mundo, é fundamental o cristão recomeçar sua missão a partir de Cristo, que nos revelou todo o seu mistério. A fidelidade e a perseverança no seguimento, uma catequese permanente e uma vida sacramental fortalecem a missão em meio ao mundo que os desafia (cf. DAp, n. 41 e 278). Nesse caminho de discipulado, reconhecemos e acreditamos que Jesus é o primeiro e o maior evangelizador. Nós, como filhos obedientes à voz do Pai, escutamos Jesus porque Ele é o único mestre, e suas palavras são espírito e vida (cf. DAp, n. 103).

Ler e meditar:

✓ Os números 41, 278 e 103 do Documento de Aparecida.

4. MEDITANDO A PALAVRA

Orientar os catequizandos a lerem com atenção as questões apresentadas e procurarem pensar, à luz da Palavra, sobre como responder.

✓ O que a Palavra diz para você, para o nosso grupo e para os cristãos batizados?
✓ O que significa ser discípulo de Jesus?
✓ Como você pode ser luz do mundo e sal da terra na realidade da sua vida cotidiana?
✓ Quais as situações e realidades que você conhece que necessitam de luz e do sabor de viver?

Depois de terem respondido às questões propostas, pedir que os catequizandos pensem e anotem o que é importante para ser um discípulo fiel de Jesus.

5. REZANDO COM A PALAVRA

Animar os catequizandos para que pensem: o que a Palavra que você ouviu te faz querer dizer a Deus? Em silêncio, cada um dirige sua prece a Deus.

Escolher um canto (sugestão: *Vós sois o sal da terra* (Pe. Zezinho) e convidar o grupo para ouvir com atenção. Em seguida, pedir que cada um repita uma frase ou uma palavra que mais chamou a atenção.

Pegar o recipiente com sal e passar entre os catequizandos; cada um irá colocar na boca uma quantidade bem pequena do sal, suficiente para sentir o gosto.

Em seguida, acender a vela de cada catequizando e convidar a acompanharem a oração que você irá dizer:

> *Oração: Senhor Jesus, concede-nos a graça de ser sal da terra e luz do mundo. Que possamos espalhar a luz para iluminar os caminhos do bem, da alegria, da fraternida de, do amor. Fazei com que todas as pessoas que se aproximarem de nós encontrem sentido para suas vidas e vontade de te seguir.*
>
> ***Todos**: Queremos ser sal da terra e luz no mundo.*

Pedir que ergam as velas e os saquinhos com sal, enquanto cantam juntos o refrão: *O sal e a luz sou eu, sou do povo do Senhor*! (Pe. Zezinho)

6. VIVENDO A PALAVRA

Explicar ao grupo que o sentido do compromisso para esta semana está relacionado ao pedido de Jesus para sermos sal da terra e luz do mundo.

Propor que cada um pense que compromisso pode assumir, a partir do que rezou e refletiu neste encontro. Anotar o compromisso, explicando o que pretende fazer.

Para onde cada um pode levar mais luz, mais vida, mais entusiasmo, como discípulo de Jesus, tornando mais visível o sentido de viver?

30° ENCONTRO

CHAMADOS A PROMOVER A VIDA

Sentido do encontro

Animados pelo Espírito de Jesus, nos dispomos a defender e promover a vida, para que todos tenham vida em plenitude. Para isso, precisamos cuidar e proteger a vida humana, mas também cuidar da natureza e do meio ambiente.

Objetivo

Identificar a importância do cuidado e da defesa da vida em plenitude para todos.

Ambientação

Cadeiras colocadas em círculo, a Bíblia, vela e flores sobre um tecido colorido; um pote de água suja, lixo, galhos secos, tarjas de papel em branco.

Acolhida

Acolher com alegria cada catequizando, dizendo "que bom que você veio!" (ou outras palavras semelhantes).

1. OLHANDO PARA A VIDA

Propor ao grupo fazer uma breve memória do encontro anterior: o que cada um recorda de mais importante? Em seguida, motivar uma partilha sobre o compromisso assumido: o que pensaram, o que se propuseram a fazer?

2. ORAÇÃO INICIAL

Acende-se a vela...

Iniciar a oração com um refrão meditativo (escolher).

Motivar a fazerem o sinal da cruz e pedir que, com os olhos fechados, em silêncio, cada um peça a luz de Deus para este encontro.

Depois de alguns instantes em silêncio, convidar para juntos fazerem a oração:

Senhor Jesus, abre nossos ouvidos para que escutemos tua Palavra de vida; abre a nossa mente para compreendermos o que o Senhor nos fala; abre, Senhor, o nosso coração para que possamos acolher tua Palavra em nós e colocá-la em prática em nossa vida. Amém!

3. ESCUTANDO A PALAVRA

Convidar para a escuta da Palavra e proclamar o Evangelho segundo São João 10,10b-18.

Propor uma segunda leitura, feita por um catequizando e acompanhada por todos em suas Bíblias.

Fazer uma reflexão dialogada sobre o texto proclamado, respondendo às dúvidas dos catequizandos.

Incentivar os catequizandos a lerem e conversarem, em duplas, sobre as perguntas propostas. Responder e anotar as respostas pessoais.

a) Quem fala nesse texto? O que está dizendo?
b) Quem participa dessa cena?
c) O que chamou a sua atenção? O que você destaca como mais importante?

Compreendendo a Palavra

Nessa passagem bíblica, Jesus se define como o Bom Pastor. O Bom Pastor conhece e ama suas ovelhas, dá a vida por elas e quer vida em abundância. No tempo de Jesus, todos conheciam bem o que era um pastor e como ele vivia e trabalhava. Jesus, porém, diz ser o Bom Pastor! Os biblistas Carlos Mesters, Mercedes Lopes e Francisco Orofino (2018) explicam:

> *A imagem do bom pastor vem do Antigo Testamento. Dizendo que é o bom pastor, Jesus coloca em prática as esperanças da profecia e que são as esperanças do povo. Vejam, por exemplo, a belíssima profecia de Ezequiel (Ez 34,11-16). Há dois pontos em que Jesus insiste: 1) Na defesa da vida das ovelhas: o bom pastor dá a sua vida pelas ovelhas; 2) No mútuo reconhecimento entre pastor e ovelhas: O pastor conhece as suas ovelhas e elas conhecem o pastor. Jesus diz que, no povo, há uma percepção para saber quem é o bom pastor. Era isso que os fariseus não aceitavam. Eles desprezavam as ovelhas e as chamavam de povo maldito e ignorante (Jo 7,49; 9,34). Eles pensavam que tinham o olhar certo para discernir as coisas de Deus. Na realidade, eram cegos.*

Assim concluímos que a missão de Jesus é dar vida plena a todos, o que importa para Jesus é promover a vida e cuidar da vida, especialmente onde ela estiver mais ameaçada.

Para aprofundar e refletir

Somos chamados pelo Batismo a sermos discípulos de Jesus e a defendermos a vida até as últimas consequências. Como discípulos missionários de Jesus, precisamos estar atentos sobre o que acontece no cotidiano para viver esse compromisso de sermos defensores da vida onde ela estiver ameaçada e vulnerável, a exemplo de Jesus, que teve atitudes e gestos de misericórdia.

Ler e meditar:

- ✓ O número 384 do Documento de Aparecida, para melhor compreender como sermos defensores da vida em plenitude.

4. MEDITANDO A PALAVRA

Incentivar os catequizandos a lerem nos livros as questões e meditarem para descobrir as respostas.

- ✓ O que diz a você a Palavra de Deus e da Igreja?
- ✓ O que a Palavra te pede?
- ✓ Olhando para nós, para nossas famílias, para a comunidade e para a sociedade, onde a vida precisa de mais cuidados?
- ✓ Em quais situações e realidades percebemos que a vida está mais ameaçada? Por quê?

Entregar a cada catequizando uma tarja de papel e pedir que escrevam uma realidade conhecida e que precisa ser mudada; escrever, também, os motivos que levaram à situação que escolheram.

Comentar que quando a água se torna poluída ela pode causar muitos e graves problemas à natureza em geral e à vida humana. Da mesma maneira, o lixo acumulado provoca sérios danos. Perguntar: que água poluída precisa ser eliminada da nossa vida para transformá-la?

5. REZANDO COM A PALAVRA

Questionar: o que você quer dizer a Deus diante do que aprendeu neste encontro?

Pedir que olhem para os símbolos que estão presentes na sala de encontro; que cada um pense sobre o que escreveu e as realidades identificadas, para fazer sua prece pessoal.

Após cada prece, a resposta será: *Senhor, ajudai-nos a defender a vida.*

Convidar para rezarem juntos o Salmo 15.

Finalizar este momento dizendo a oração, que será repetida pelos catequizandos.

Senhor Deus, nosso Pai, ouve nossas orações e nossos pedidos. Tende piedade de nós e vinde em nosso auxílio! Queremos ser fiéis à vossa Palavra. Ajudai-nos a viver como discípulos do vosso Filho Jesus e a defender a vida e a paz. Por Cristo, nosso Senhor. Amém.

6. VIVENDO A PALAVRA

Ajudar o grupo a definir seus compromissos, lendo e comentando o texto que está no livro dos catequizandos. Após a leitura, perguntar: o que cada um quer assumir como compromisso do encontro de hoje? Pedir que anotem o que pretendem fazer.

Convidar cada um a enclinar a cabeça para receber a bênção:

Catequista: *O auxílio de Deus, terna compaixão, nos sustente em nossas aflições, nos dê a alegria de viver, de fazer o bem e de sermos discípulos agora e para sempre.*

Todos: *Amém.*

Catequista: *Louvado seja nosso Senhor, Jesus Cristo.*

Todos: *Para sempre seja louvado.*

31° ENCONTRO

CELEBRAR A VIDA E A ESPERANÇA COM NOSSOS IRMÃOS FALECIDOS

Sentido do encontro

Quando perdemos uma pessoa querida, sofremos, sentimos sua falta. Para os que têm fé, com a dor e a tristeza da perda existe também a esperança da vida nova, a certeza da ressurreição e da vitória da vida sobre a morte.

Objetivo

Reconhecer o sentido da esperança na ressurreição.

Ambientação

Cadeiras dispostas em círculo, vela, Bíblia, cruz com um pano roxo, flores.

Acolhida

Acolher os catequizandos com alegria e, se possível, com palavras dirigidas a cada um individualmente.

1. OLHANDO PARA A VIDA

Recordar com o grupo os compromissos assumidos no encontro anterior, que visavam buscar atitudes para promover a vida. Perguntar o que cada um pensou em fazer, o que fez e como se sentiu.

Perguntar: o que o grupo sabe sobre a morte e a ressurreição? Alguém no grupo já perdeu uma pessoa muito próxima e de quem gostava muito? Como se sentiu?

Comentar: A Igreja, todos os anos, recorda as pessoas que já morreram e celebra de maneira especial. Sabiam? Já participaram de uma dessas celebrações?

2. ORAÇÃO INICIAL

Acende-se a vela...

Iniciar a oração com um refrão meditativo (escolher). Pedir que o grupo feche os olhos e silencie, para interiorizar as palavras do refrão.

Convidar para rezarem juntos, de mãos dadas, o Pai-nosso.

3. ESCUTANDO A PALAVRA

Motivar a entoarem o canto de aclamação ao Evangelho.

Convidar um catequizando para proclamar, calmamente, o Evangelho segundo São João 14,1-6. Em seguida, propor uma leitura individual, em silêncio.

De maneira dialogada, fazer uma reflexão sobre o texto proclamado. Ler com atenção os subsídios apresentados para este encontro, para ajudar a conduzir a reflexão. Após a reflexão, motivar o grupo a fazer a leitura das questões do livro. Depois de pensarem e conversarem com os colegas sobre suas respostas, solicitar que as anotem.

a) Do que trata o texto?
b) Quais são os personagens do texto?
c) Que palavras ou frases mais chamaram a sua atenção? Por quê?

Compreendendo a Palavra

A Palavra de Deus de hoje se situa em torno do tema da partida de Jesus para deixar o convívio físico no meio do grupo. Para isso, Jesus prepara os discípulos para continuarem sua caminhada com fé. Ele diz que não devem perturbar seus corações, que devem ficar calmos e ter fé. É necessário que Jesus se vá, deve retornar ao Pai para cumprir sua missão. Só podemos compreender isso pela fé: fé em Deus; fé em Jesus. Jesus fala de algo que nunca os discípulos tinham ouvido falar: diz que vai lhes preparar um lugar na casa do Pai. A morte não destrói os laços de amor, pois, um dia, todos estaremos juntos novamente. Os discípulos não entendem, escutam assustados, com medo. Tomé pergunta-lhe para onde vai e se podem saber o caminho. Jesus responde: "Eu sou o Caminho, a Verdade e a Vida, ninguém vai ao Pai senão por mim" (Jo 14,6). Ele é o caminho para o Pai, não há outro caminho. Na Oração Eucarística da missa, dizemos: "Caminhamos na estrada de Jesus!". Sabemos que Ele é o caminho que está presente em nossa caminhada, Ele nos dá segurança. E quando nossa missão estiver cumprida, também teremos um lugar garantido, a nossa morada, a vida plena em Deus, a vida eterna.

Para aprofundar e refletir

A realidade da morte é uma experiência profundamente humana, pois a morte faz parte da vida. Ela não se opõe à vida, mas ao nascimento, pois só na eternidade teremos vida plena. Na liturgia da Igreja, no Dia de Finados, reza-se: "Senhor, para os que creem em vós, a vida não é tirada; mas, transformada". O Senhor Ressuscitado está em nós e entre nós, e um dia todos nos encontraremos com o Pai e com os irmãos e irmãs que chegaram antes à casa do Pai. Como diz Santa Teresinha: "Não morro, entro na vida". A morte não é apenas um fim, ela é também, e principalmente, um começo. É o início do dia sem ocaso, da eternidade, da plenitude da vida. Mais ainda: Jesus liga a fé na ressurreição à sua própria pessoa: "Eu sou a ressurreição e a vida" (Jo 11,25).

Segundo o projeto divino, a morte é o fim da peregrinação terrena do homem, do tempo de graça e de misericórdia que Deus oferece para realizar ao longo da sua vida aqui na Terra os desígnios do Senhor (cf. CIgC, n. 1013). Para morrer bem, é preciso viver fazendo o bem: "levaremos a vida que levamos. O bem é o passaporte para a eternidade feliz e o irmão que ajudamos será o avalista de nossa glória no céu: 'Vinde benditos'" (SANTA TERESINHA DO MENINO JESUS, 1897).

Ler e meditar:

- ✓ Os números 94, 995 e 996 do Catecismo da Igreja Católica.

4. MEDITANDO A PALAVRA

Orientar a meditarem a Palavra: pedir que leiam com atenção as questões apresentadas no livro e meditem em busca de suas respostas pessoais.

- ✓ O que a realidade sobre a qual lemos e meditamos diz para você hoje?
- ✓ Jesus nos garante a vida, a morada definitiva, a ressurreição, pois morrer é viver plenamente. Você acredita nisso? Por quê?
- ✓ Como você deve viver agora para viver plenamente em Deus depois?
- ✓ Como as pessoas vivem a experiência da morte de uma pessoa querida da família, dos amigos?

Quando todos tiverem respondido, pedir que escrevam em seus livros o que pensam ser o mais importante para a vida cristã de cada um.

5. REZANDO COM A PALAVRA

Questionar: que oração você quer dirigir a Deus hoje? O que está em seu coração a partir da reflexão sobre o sentido da morte?

Motivar a ficarem em silêncio diante da cruz, das flores e da luz, e perguntar:

- ✓ O que tudo isso te diz?
- ✓ Que sentimentos tem dentro de você?

Orientar a, em silêncio, cada um expressar em uma oração os seus sentimentos e anotar sua oração no livro. Em seguida, todos podem partilhar a oração e os sentimentos (deixar cada um expressar sua oração e seus sentimentos em relação à vida, à morte).

Quando tiverem escrito suas orações, convidar os catequizandos para pedirem a Deus que escute as orações que fizeram, dizendo:

> *Ó Deus, escutai com bondade a nossa oração e aumentai a nossa fé no Cristo Ressuscitado, para que seja mais viva a nossa esperança na ressurreição dos vossos filhos e filhas. Isso vos pedimos por Cristo, vosso Filho, na unidade do Espírito Santo. Amém.*

Para finalizar o momento de oração, rezar todos juntos o Salmo 41. Após três versículos, todos dirão o refrão: *A minh'alma tem sede de Deus e deseja o Deus vivo.*

6. VIVENDO A PALAVRA

Qual compromisso você quer assumir como resposta a este encontro?

Comentar as sugestões apresentadas no livro: fazer uma visita ao cemitério como grupo ou cada um com sua família, rezar pelos falecidos ou visitar uma família enlutada que perdeu algum familiar, levando uma palavra de vida, de esperança e de fé na ressurreição.

Pedir que anotem o compromisso escolhido, mencionando quem os acompanhou e como foi essa experiência.

> *Bênção final: Que o Senhor nos abençoe e nos guarde hoje e sempre. Amém!*

ANEXOS

1

CELEBRAÇÃO E RITO DA BÊNÇÃO DA ÁGUA

- ✓ *Esta celebração acontecerá fora da missa. Pode ser feita reunindo alguns grupos, se forem muitos, ou todos juntos, caso os grupos não sejam numerosos demais.*
- ✓ *Pode ser presidida pelo diácono, pelo catequista ou pelo ministro da Palavra.*
- ✓ *Preparar o espaço com as cadeiras em círculo, uma mesa, a Bíblia em destaque, uma vela, uma jarra com água e uma bacia (de preferência de cerâmica ou vidro), um raminho verde e flores. Uma garrafinha de água para cada catequizando levar para casa.*
- ✓ *Preparar a oração da bênção da casa para ser entregue aos pais no fim da celebração.*

Acolhida

Acender a vela e acolher com alegria os catequizandos, pais e introdutores, bem como os participantes, com um refrão meditativo (escolher).

Animador: Com alegria, acolhemos todos vocês, pais, introdutores e catequizandos, para este encontro de oração. Louvamos e bendizemos a Deus pelo caminho que estamos fazendo no processo da Iniciação à Vida Cristã. Deus nos confirme neste compromisso. Esta celebração será marcada pelo símbolo da água, sinal de vida e esperança para todos nós.

Iniciemos nosso encontro cantando.

Canto: *Somos gente da esperança* (Letra: Cícero Alencar / Música: Norival de Oliveira).

Quem preside inicia com o sinal da cruz e, dirigindo-se a todos, diz algumas palavras de saudação.

Presidente: Rezemos juntos o Salmo 43, pedindo que o Senhor nos guie com a sua luz e nos sustente com a sua força, para que, em meio às dificuldades da vida, coloquemos n'Ele a nossa esperança.

Presidente: Senhor, nosso Deus, que em Jesus Cristo nos enviastes a luz da verdade, seja Ele o nosso guia e nos conduza à vossa montanha santa, ao lugar onde habitais, para que vos possamos louvar por toda a nossa vida. Por nosso Senhor, Jesus Cristo, na unidade com o Espírito Santo. Amém.

Evangelho

Proclamação do Evangelho segundo São Mateus 3,13-17.

Reflexão

Jesus, ao iniciar sua vida pública, quis ser batizado por João Batista no Rio Jordão. O Espírito de Deus desceu sobre Ele e ouviu-se a voz que dizia: "Este é meu filho amado, em quem eu me agrado" (Mt 3,17). Em sua missão, Jesus se manifestou como a água viva de Deus, para tantas pessoas devolvendo vida, dignidade e perdão.

A água é sinal central na liturgia do Batismo. No Batismo, o batizado é mergulhado no banho que purifica e santifica. Como nos diz São Paulo: "pelo Batismo fomos sepultados com ele na morte, para que, assim como Cristo foi ressuscitado dos mortos por meio da glória do Pai, assim também nós possamos caminhar para uma vida nova" (Rm 6,4).

A oração sobre a água batismal evoca e faz presente os momentos importantes da história, manifestando que é Deus quem revela seu amor para com a humanidade desde a origem do mundo e que ela tem a força criadora e renovadora da vida.

Rito de louvor pela água

Presidente: Invoquemos a bênção de Deus sobre a água. Cada um reze, em silêncio, no seu coração.

Quem preside, ajudado por outras pessoas, aproxima-se da água e faz a oração.

Animador: Acompanhemos a oração sobre a água, e a cada parte todos respondem: *Fontes do Senhor, bendizei o Senhor!*

Presidente: Ó Deus, fonte e origem de toda a vida, bendito sejas por esta água que criastes para fecundar a terra, lavar nossos corpos e refazer nossas forças. Nas águas do Mar Vermelho, libertastes o vosso povo do cativeiro e, com a água que saiu da rocha, aplacastes no deserto a sua sede.

Todos: Fontes do Senhor, bendizei o Senhor!

Presidente: Nas águas santificadas por Jesus Cristo, no Jordão, somos mergulhados para o novo nascimento do perdão e da vida no Espírito.

Todos: Fontes do Senhor, bendizei o Senhor!

Presidente: Abençoai a água que vamos levar para nossas casas, sinal da vossa bênção, da vossa graça e da vossa proteção. Que esta água seja, para nós, a recordação do nosso Batismo. Jorrem sempre para nós as águas da salvação, para que possamos nos aproximar de vós com o coração puro e evitar todo perigo do corpo e da alma. Por Cristo, nosso Senhor. Amém!

Animador: Acolhamos a água que será aspergida sobre nós como sinal de renovação e vida.

Enquanto a água é aspergida sobre todos pelo dirigente, todos são convidados a cantar juntos: *Banhados em Cristo*, ou outro.

Presidente: Elevemos nossas preces ao Senhor da vida. Nossa resposta, após cada uma, será: *Nós vos damos graças, nosso Deus.*

Leitor: Senhor, nós vos damos graças por todas as pessoas que animam nossas comunidades: catequistas, ministros, introdutores; para que sejam fortalecidos e abençoados no seu ministério, dizemos:

Todos: Nós vos damos graças, nosso Deus.

Leitor: Senhor, nós vos damos graças por todos os catequizandos; para que sejam cada vez mais desejosos de vos seguir sempre no caminho da vida cristã, dizemos:

Todos: Nós vos damos graças, nosso Deus.

Leitor: Senhor, nós vos damos graças pelos pais, familiares e pela comunidade, que acompanham nossos catequizandos; para que os incentivem e apoiem no caminho do crescimento e amadurecimento da vida cristã, dizemos:

Todos: Nós vos damos graças, nosso Deus.

Leitor: Senhor, nós vos damos graças pela água, sinal de vida e de bênção; para que todos aqueles que buscam cuidar da natureza e da beleza que vós criastes para o bem comum de todos tenham vossa ajuda constante, dizemos:

Todos: Nós vos damos graças, nosso Deus.

Presidente: Confiantes em nosso Deus, que conhece nossas necessidades e nos ama como filhos, ousamos dizer: *Pai nosso, que estais nos céus...*

Catequista: Entregamos esta água, que levaremos para nossas casas como sinal de bênção, vida e proteção.

Presidente: Ó Deus, alimentados hoje pela vossa Palavra e pelo nosso encontro fraterno, voltamos com o coração renovado de esperança, de vida e de paz. Levando esta água para nossas casas, seja ela sinal de bênção, vida e proteção. Isso vos pedimos, por Cristo, nosso Senhor. Amém!

Presidente: Ó Deus da paz, força da vida, nos firme na sua alegria e nos abençoe agora e para sempre. Amém.

Observação: *Entregar os vidrinhos com a água e a oração para a bênção em casa. Orientar a, em casa, fazerem um momento de oração e procederem a bênção da casa.*

2

ORAÇÃO PARA SER REALIZADA EM CASA, COM A FAMÍLIA

✓ *Preparar sobre a mesa uma vela, a Bíblia e um copo com a água que levaram da celebração.*

✓ *Todos reunidos ao redor da mesa. Alguém coordena a oração.*

Quem coordena convida a iniciar este momento na família com o sinal da cruz.

Coordenador: Vinde, ó Deus da vida, vinde nos ajudar! Não demoreis mais, vinde nos libertar! Que coisa boa nesta casa estar, valeu a pena tanto se lutar. Descei, Senhor, a vossa bênção sobre esta casa, derramai o vosso amor, a vossa força e graça para que nos chegue hoje a salvação. Amém.

Proclamação do Evangelho segundo São Lucas 10,38-42 (fazer um momento de silêncio após a proclamação).

Coordenador: Façamos nossas preces ao Cristo, Filho de Deus, que nasceu de Maria e habitou entre nós. Digamos juntos, após cada pedido: *Permanece conosco, Senhor*!

1. Ó Cristo, tu que santificaste a casa de Nazaré, vem morar nesta casa e dá-nos tua bênção e tua paz.
2. Tu que aceitaste a hospitalidade de Marta e Maria, entra nesta casa e ajuda-nos a manter suas portas abertas para acolher quem chega com amor.
3. Fazei com que todas as pessoas sem casa encontrem moradia digna.

Preces espontâneas...

Bênção das pessoas e da casa

Coordenador: Abençoai, Senhor, com esta água e com a força do vosso Espírito, todas as pessoas que moram nesta casa e aquelas que nos visitam. Que possamos viver em paz e na alegria da vossa presença; que esta casa seja lugar de alegria e comunhão, agora e sempre. Amém!

Alguém da casa passa em cada cômodo, aspergindo com água, enquanto se canta.

Canto: *Esta casa será abençoada, pois o Senhor vai derramar o seu amor...* (bis)

Coordenador: Rezemos juntos a oração que o Senhor nos ensinou: *Pai nosso...*

Coordenador: Acompanha quem sai e sê hóspede com quem entra, caminha conosco, Senhor Jesus, até o dia em que nos conduzirás à casa do Pai. Amém!

Em nome do Pai, e do Filho e do Espírito Santo. Amém.

3

VIGÍLIA DE PENTECOSTES: VIGIAR É PRECISO, POIS O ESPÍRITO VEM!

- ✓ *Esta celebração pode acontecer na semana de preparação à Solenidade de Pentecostes, com os catequizandos, pais, catequistas e introdutores, de preferência à noite.*
- ✓ *Preparar uma boa acolhida aos catequizandos, seus pais e às pessoas que participarão.*
- ✓ *Organizar uma equipe de cantos, convidando pessoas para cantarem, tocarem algum instrumento, para juntos prepararem os cantos previstos na celebração.*
- ✓ *Ambientação: Círio Pascal, Bíblia, sete velas, espaço organizado com tecido vermelho, a imagem de Nossa Senhora.*

Chegada em silêncio, com um fundo musical suave.

Refrão: *Ó luz do Senhor...*

Acendimento do Círio Pascal.

Canto inicial (um solista entoa e a comunidade repete a cada verso)

Presidente: *Em nome do Pai e do Filho e do Espírito Santo.*

Todos: Amém.

Quem preside faz uma saudação espontânea aos que participam da celebração, mencionando, especialmente, os catequizandos.

Animador: Queridos catequizandos, pais, catequistas e introdutores. Estamos reunidos nesta noite preparando a solenidade de Pentecostes. Rendamos a Deus o louvor e a ação de graças por nos ter dado seu Espírito Santo, dom de sabedoria para o mundo. Peçamos que Ele envie o Espírito sobre todos nós, sobre a Igreja, sobre as diferentes realidades do mundo. Rendamos graças ao Pai, pelo Espírito Divino, que com seus dons e carismas distribui aos seres humanos a capacidade de realizar a vontade de Deus. Rezemos juntos:

Deus, nosso Pai, que em Cristo, teu Filho, nos enriqueceste com todas as bênçãos espirituais e nos escolheste, antes da criação do mundo, para sermos santos, dá-nos a conhecer o mistério da tua vontade e ensina-nos a realizá-la em nossas obras. Por nosso Senhor. Amém.

Entrada das sete velas, ou, se já estiverem no espaço, fazer seu acendimento.

Animador: Motivação para receber/acender as velas.

Refrão: *A nós descei, divina luz*!

Animador: Celebrando sua manifestação nas lutas das antigas tribos de Israel e nas procissões do templo, adoremos ao Senhor presente e atuante na caminhada do nosso povo e renovemos nossa confiança no Espírito que conduz a nossa história por caminhos de paz e concórdia. Juntos rezemos o Salmo 68(67).

Presidente: Com Maria e os Apóstolos, peçamos o auxílio do Espírito Santo cantando (ou rezando) após cada prece: *Envia teu Espírito, Senhor, e renova a face da Terra!*

1. Renova a tua Igreja, os teus ministros e torna-a mais pascal.
2. Sustenta na ternura do teu Espírito todas as pessoas que te procuram com coração sincero.
3. Acaba com as incompreensões e preconceitos entre cristãos e cristãs, e entre as Igrejas.
4. Fortalece nossos vínculos de unidade e de paz, fortalece nossa comunidade e nossas famílias.
5. Encoraja-nos no serviço aos pobres, na acolhida dos mais fracos e necessitados.
6. Ajuda-nos a crescer no Caminho da Iniciação à Vida Cristã, fortalece-nos na fé, na caridade, e alimenta nossa esperança.
7. Ilumina-nos para que sempre saibamos dar as razões de nossa fé ao mundo. E torna-nos vigilantes à espera do dia luminoso da tua vinda.

Presidente: Ó Deus de toda ternura, revista-nos com sua força e com sua justiça. Sustente-nos com sua Palavra e nos conduza com sua graça nos caminhos do seu Reino, agora e sempre! Amém!

Presidente: O Espírito nos congrega como irmãos e irmãs, filhos e filhas de um mesmo Pai. Por isso, dizemos juntos: *Pai nosso, que estais nos céus....*

Presidente: Senhor Jesus Cristo, disseste aos teus Apóstolos: eu deixo a vocês a paz, eu lhes dou a minha paz; não olhes os nossos pecados, mas a fé que anima a tua Igreja; dá-lhe, segundo o teu desejo, a paz e a unidade. Tu, que és nosso Salvador e Senhor. Amém!

Presidente: Ó Deus da paciência e da consolação, nos dê a graça de vivermos em fraterna alegria e paz, agora e sempre.

Todos: Amém!

Presidente: Abençoe-nos, o Pai e o Filho e o Espírito Santo.

Todos: Amém!

Presidente: Louvado seja nosso Senhor Jesus Cristo, aleluia!

Todos: Para sempre seja louvado, aleluia!

4

COMPREENDENDO A MISSA, PARTE POR PARTE

INTRODUÇÃO

A intenção deste texto é ajudar os catequistas e catequizandos a compreenderem a missa, a Celebração Eucarística, como uma grande ação ritual, simbólica, eclesial; compreender sua estrutura e o sentido de cada ação ritual (cada parte da missa).

A Celebração Eucarística, que nós chamamos comumente de "missa", é a maior oração do cristão, a maior oração da Igreja. A palavra "Eucaristia" significa ação de graças, portanto, a missa é uma grande ação de graças, um grande louvor em agradecimento por tudo o que Deus fez e faz por nós e pela humanidade.

A missa é a celebração do mistério central da nossa fé cristã. Muitas vezes, as pessoas participam da missa, mas não compreendem o sentido e a grandeza dessa ação da Igreja. Muitos participam por costume, ou apenas como uma prática devocional; outros participam apenas em algumas festas principais ou por conveniência, das celebrações de sétimo dia, batizados, casamentos.

Dizemos que a missa é uma ação ritual e simbólica, sim, porque feita de Palavras, gestos, sinais e atitudes que se expressam no olhar, levantar, sentar, ouvir, falar cantar, fazer silêncio. "Nosso corpo, sensível e dócil ao movimento, é uma fonte inesgotável de expressão. Por isso, na liturgia tem importância os gestos, as posturas, as caminhadas" (Doc. 43, n. 83). A liturgia envolve todo o nosso ser, não é e não pode ser somente uma ação superficial, pois perderia sua força e sua eficácia. Na igreja, tudo fala de Deus: altar, cruz, flores, pia batismal, a mesa ou lugar da Palavra, os livros usados na liturgia, as vestes, as cores, pessoas com diferentes expressões, idades, os diferentes ministérios; tudo é expressão de vida e assim formamos o corpo celebrante, a assembleia litúrgica, o povo sacerdotal, convocado por Deus para celebrar o mistério da nossa fé cristã: a Páscoa de Jesus e a nossa Páscoa. Celebrar a nossa vida de fé, a nossa caminhada, nossas lutas, dores, sofrimentos, mas também nossas conquistas, alegrias e vitórias. O Documento 43 da CNBB – *Animação da vida litúrgica no Brasil* – em seu número 300, afirma que, "na liturgia celebramos a Páscoa de Cristo na páscoa do povo e a páscoa do povo na Páscoa de Cristo".

A missa é sacrifício porque é a Páscoa do Cordeiro, o cordeiro que se imola sobre o altar; e é partilha porque celebra a Eucaristia instituída na última ceia, do Senhor com os seus discípulos, na véspera de sua Paixão.

Todos nós, batizados, somos convocados pela Trindade Santa – o Pai, o Filho e o Espírito Santo – que toma a iniciativa e atua em cada pessoa e na reunião de fé do povo. Nossa presença e participação é nossa resposta à convocação da Trindade, formando o povo celebrante e sacerdotal. Dito isso, vamos agora ver a estrutura da celebração, suas partes e o que elas significam.

A Celebração Eucarística, ou missa, constitui-se de duas partes fundamentais: Liturgia da Palavra – Deus nos fala – e Liturgia Eucarística. Além disso, temos os ritos iniciais e os ritos finais. Podemos assim representar:

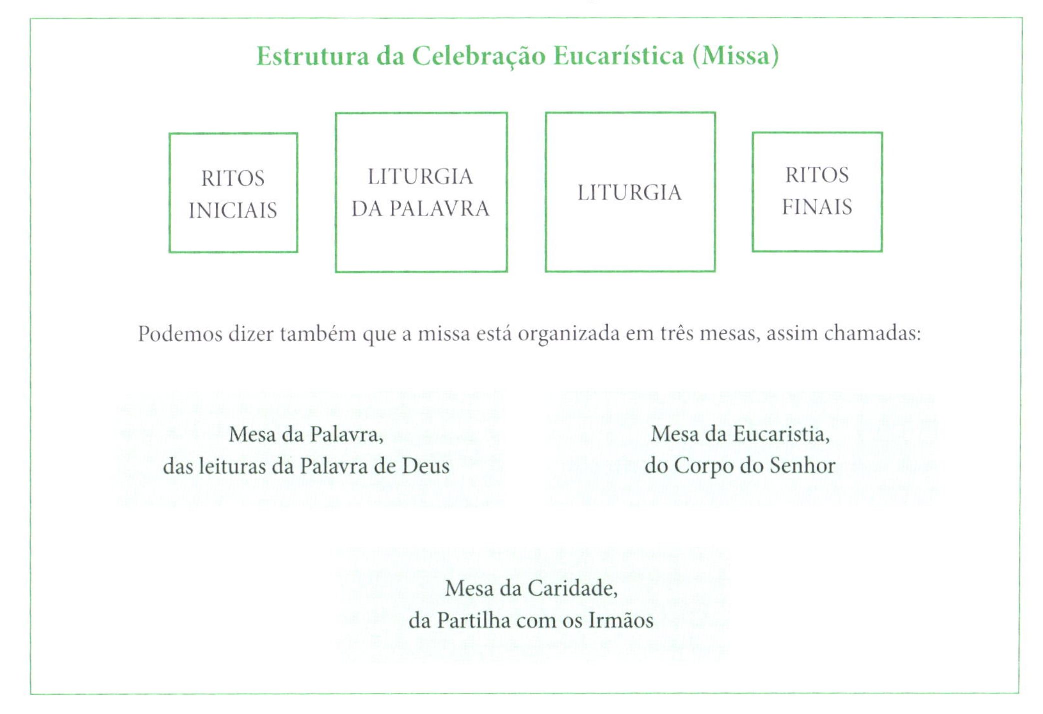

Então vamos aprofundar e conhecer mais e melhor a celebração eucarística e sua estrutura.

1. RITOS INICIAIS

Os ritos iniciais compõem um conjunto de vários elementos que precedem a liturgia da palavra: procissão de entrada, beijo no altar, saudação, ato penitencial, glória e oração da coleta. Esses, elementos têm por finalidade fazer com que as pessoas, reunidas em assembleia, disponham-se e preparem-se para ouvir atentamente a Palavra de Deus e celebrar dignamente a Eucaristia (cf. IGMR, n. 46). Eles têm, ainda, o objetivo de transformar as pessoas em povo celebrante, sacerdotal, assembleia orante, corpo de Cristo animado pelo Espírito Santo, disposto ao encontro pascal e libertador com o Deus vivo e verdadeiro.

Acolhida: a atitude básica dos ritos iniciais é de acolhida, alegre e afetuosa. É importante criar um ambiente acolhedor, fraterno e, ao mesmo tempo, de recolhimento e oração para bem celebrar a Eucaristia.

Canto de entrada e procissão: o canto de entrada é expressão de fé e de alegria da comunidade reunida, como corpo de Cristo no Espírito Santo, louvando a Deus (cf. IGMR, n. 47). É canto de todo o povo e deve estar relacionado com o tempo litúrgico. Cantar juntos, pois o mistério celebrado une as vozes e os corações. Durante o canto, se faz a procissão de entrada da equipe de celebração. É importante cuidar como se fala, pois o canto de entrada não tem a finalidade de acolher o padre, mas é uma expressão de fé da comunidade reunida que faz memória da caminhada do povo de Israel conduzido pela sarça ardente, no deserto; também faz menção à nossa peregrinação nesta vida até a vida eterna.

Beijo no altar: o presidente da celebração, ao chegar junto ao altar, beija-o. Esse gesto muitas vezes passa despercebido e não é valorizado, mas é muito significativo. O altar representa o próprio Jesus Cristo e o lugar do sacrifício; Cristo é o cordeiro imolado, por isso esse gesto expressa a relação de quem preside com o Senhor, pois é em seu nome que irá presidir a liturgia.

Sinal da cruz e saudação: o sinal da cruz é a primeira ação litúrgica, pela qual se abre e se constitui oficialmente a assembleia litúrgica. Quem preside diz: "Em nome da Trindade Santa, declaro aberta, constituída, esta assembleia litúrgica". A comunidade reunida acolhe respondendo "Amém". A seguir, o presidente faz a saudação ao povo, indicando que Cristo e seu Espírito são os protagonistas desta reunião, e exige da assembleia uma atitude de fé. A pessoa do ministro age em nome de Cristo e do seu Espírito. A comunidade está reunida e constituída pela presença do Senhor. E todos respondem: "Bendito seja Deus, que nos reuniu no amor de Cristo!"

Rito penitencial: o ato penitencial é um gesto de reconhecer-se pequeno diante da grandeza do mistério de Deus. Como pecadores, reconhecemos que Deus é misericordioso. O rito penitencial confessa o Cristo que salva.

Hino de louvor: o hino de louvor ou glória é um hino muito antigo pelo qual a Igreja primitiva, reunida pelo Espírito Santo, glorificava e suplicava a Deus Pai e ao cordeiro (Cristo). Com o hino de louvor, damos glória a Deus e a seu Filho Jesus. Esse hino divide-se em três partes: 1) Memória do canto dos anjos na noite do nascimento do Filho de Deus; 2) Louvores dirigidos a Deus Pai, Senhor Deus, Deus Pai todo-poderoso; 3) Louvores seguidos de súplicas e aclamações a Cristo. Jesus Cristo, Filho de Deus, aparece como o foco central do hino.

Oração da coleta: encerra os ritos iniciais e introduz a assembleia na celebração do dia. "Após o convite do celebrante, todos se conservam em silêncio por alguns instantes, tomando consciência de que estão na presença de Deus e formulando interiormente seus pedidos. Depois o sacerdote diz a oração que se costuma chamar de *coleta*, com o sentido de recolher e apresentar a Deus a oração do povo e a assembleia dá o seu assentimento com o 'Amém' final" (IGMR, n. 54).

2. LITURGIA DA PALAVRA

A Liturgia da Palavra é um diálogo entre Deus e o seu povo. "A parte principal da Liturgia da Palavra de Deus é constituída pelas leituras da Sagrada Escritura e pelos cânticos que ocorrem entre elas, sendo desenvolvida e concluída pela homilia, a profissão de fé e as preces da comunidade. Nas leituras atualizadas pela homilia, Deus fala ao seu povo, revela o mistério da salvação, e oferece o alimento espiritual; e o próprio Cristo, por sua Palavra, se acha presente no meio dos fiéis. Alimentado por esta Palavra, o povo reza pelas necessidades de toda a Igreja e pela salvação do mundo inteiro" (IGMR, n. 55).

O ponto alto da Liturgia da Palavra é a proclamação do Evangelho, da boa-nova de Jesus. O lugar da Liturgia da Palavra é o ambão ou a mesa da Palavra.

Os elementos que constituem a Liturgia da Palavra são: Primeira leitura (Antigo Testamento e Atos do Apóstolos); Salmo responsorial; Segunda leitura (Cartas e Apocalipse de João); Aclamação ao Evangelho; Proclamação do Evangelho; Creio e Oração dos Fiéis. Vamos compreender cada elemento.

Primeira e segunda leitura e Salmo: Para compreendermos melhor a Liturgia da Palavra, é necessário distinguir entre a liturgia dominical e a liturgia dos dias da semana. A liturgia dominical tem um ciclo de três anos, sendo que a cada um é proclamado um determinado Evangelho: de Mateus no ano A, de Marcos no ano B, e de Lucas no ano C.

Nos domingos e festas, o esquema das leituras é o seguinte: Primeira leitura, Salmo, Segunda leitura, Aclamação ao Evangelho, Evangelho.

A Primeira leitura e o Evangelho tratam geralmente do mesmo assunto, para mostrar que Jesus leva à plenitude o Antigo Testamento; o Salmo é uma meditação da Primeira leitura, uma oração cantada; a Segunda leitura é sempre tirada das Cartas dos Apóstolos. A liturgia dos dias da semana não apresenta a Segunda leitura e tem um ciclo de dois anos: pares e ímpares.

Evangelho: o Evangelho é o ponto alto da Liturgia da Palavra. Cristo torna-se presente por meio de sua Palavra e da pessoa do sacerdote. Por isso todos ficam de pé e aclamam o Cristo, que fala. O diácono ou o padre, dirigindo-se à mesa da Palavra, faz o sinal da cruz na testa, na boca e no coração, para que todo o seu ser fique impregnado da mensagem do Evangelho: a mente a acolha, a boca a proclame, e o coração a sinta e a viva.

Homilia: a homilia faz a ligação entre a Palavra de Deus e sua resposta. É a forma de tornar a Palavra de Deus próxima à vida do povo. Normalmente, a homilia é feita pelo padre ou diácono, mas em muitos lugares é feita também pelos ministros da Palavra preparados para isso.

Profissão de fé ou Creio: pela profissão de fé, a comunidade renova o compromisso de orientar sua vida segundo a Palavra de Deus, aguardando a plena realização do Reino. A profissão de fé é dita por todo o povo, aos domingos e nas solenidades (IGMR, n. 68).

Preces da comunidade: o povo de Deus ouve e acolhe a Palavra, e dá a sua resposta. As intenções das preces são: pelas necessidades da Igreja, pelos governantes e pela salvação do mundo, pelos que sofrem e passam dificuldades e pela comunidade local.

3. LITURGIA EUCARÍSTICA

A Eucaristia é o memorial da Morte e da Ressurreição do Senhor, sob os sinais do pão e do vinho, dados em refeição, em ação de graças e súplicas. Fazemos memória dos gestos e palavras de Jesus: Façam isto em memória de mim". Fazem parte da Liturgia Eucarística a preparação das oferendas (ofertório); a Oração Eucarística; o ritos de comunhão: Pai nosso; Gesto de paz; Fração do pão; Comunhão.

Preparação das oferendas: na Celebração Eucarística, Jesus refaz conosco os gestos de tomar nas mãos o pão e o cálice com vinho, como em uma refeição. A primeira ação que realizamos na Liturgia Eucarística é preparar a mesa e apresentar os alimentos. Pão e vinho, frutos da terra e do trabalho humano, são os elementos essenciais, trazidos e colocados sobre o altar. Estes representam toda a realidade de vida do povo, das comunidades, das famílias.

A Liturgia Eucarística acontece na mesa do altar. Ele é "o centro de toda liturgia eucarística" (IGMR, n. 73). Por isso, deve ser preparado dignamente. Nesse momento serão colocados sobre o altar: a patena com o pão, as hóstias que serão consagradas e distribuídas aos fiéis, o vinho e a água.

Oração Eucarística: é uma oração de ação de graças e de consagração, uma grande ação litúrgica. O sentido dessa oração é que toda a assembleia se una a Cristo na proclamação das maravilhas de Deus e na oferta do sacrifício. Os elementos principais da Oração Eucarística são:
a) **Ação de graças** (prefácio): em nome de todo o povo, o sacerdote glorifica a Deus e lhe dá graças por toda a obra da salvação ou por um dos seus aspectos particulares (conforme o dia ou tempo litúrgico).

b) **Santo:** a assembleia, com os coros celestes, canta o santo, louvando a Deus: "Céus e terra proclamam o vosso louvor". No santo, dizemos ou cantamos palavras tiradas do livro do profeta Isaías (cf. Is 6,3) e do profeta Ezequiel (cf. Ez 3,12).

c) **Invocação do Espírito Santo:** a Igreja implora o poder do Espírito Santo para que os dons oferecidos pela assembleia sejam consagrados, isto é, se tornem o corpo e o sangue de Cristo, e para que a comunhão opere a salvação de quem dela participar.

d) **Narração da instituição e consagração:** repetindo os gestos e palavras de Cristo, realiza-se o sacrifício que o próprio Cristo instituiu na última ceia ao oferecer seu corpo e sangue sob as espécies de pão e vinho, e dar de comer e beber aos Apóstolos.

e) Memória (anamnese): obediente ao mandato de Jesus, recebido por meio dos Apóstolos, a Igreja celebra a memória de Cristo, recordando de modo particular sua Paixão, Ressurreição e Ascensão.

f) Oferta (oblação): a Igreja reunida oferece a Deus Pai, no Espírito Santo, a hóstia consagrada. A Igreja deseja que os fiéis aprendam a fazer a oferta de si mesmos e, por Cristo, se esforcem para realizar a unidade perfeita com Deus e entre todos.

g) Súplicas: as súplicas expressam que a Eucaristia é celebrada em comunhão com toda a Igreja, do céu e da Terra, e em benefício de todos, vivos e mortos; suplicamos pela Igreja, pelos mortos e por nós a caminho do Reino com os santos.

h) Doxologia final: a doxologia é uma expressão de glorificação de Deus; a assembleia, ao responder "amém", expressa sua concordância.

4. RITO DA COMUNHÃO

Após a Liturgia Eucarística, segue-se o rito da comunhão, do qual fazem parte os seguintes elementos:

Pai-nosso: o rito da comunhão inicia com a oração do Pai-nosso, como um prolongamento do louvor da Oração Eucarística. É a oração que o Senhor Jesus nos deixou. Deve ser rezada por toda a assembleia e, conforme o costume, pode ser de mãos dadas ou de mãos levantadas, expressando que somos chamados a formar um só corpo em Cristo, para o louvor de Deus. Pode ser cantado ou rezado, mantendo sempre a letra própria dessa oração bíblica. No fim do Pai-nosso, o sacerdote diz sozinho uma continuação do último pedido dessa oração, suplicando que toda a assembleia seja libertada do poder do mal. A assembleia responde, dizendo: "vosso é o poder, a honra e a glória para sempre".

Oração da paz: No rito da paz, a comunidade implora a paz e a unidade para a Igreja e para a sociedade humana e exprime mutuamente a caridade antes de participar do mesmo pão eucarístico (cf. IGMR, n. 82).

Fração do pão: corresponde ao gesto de partir o pão, realizado por Jesus na última ceia, e indica que, mesmo sendo muitos, formamos um só corpo pela comunhão do mesmo pão da vida que é Cristo. Durante o gesto da fração do pão, a assembleia canta ou reza o Cordeiro de Deus. O sacerdote parte o pão e coloca um pequeno pedaço no cálice, para significar a unidade do corpo e do sangue de Cristo na obra da salvação.

Comunhão: depois de partir o pão, Jesus o deu a seus discípulos e disse: "Isto é o meu corpo", quem dele comer terá a vida eterna. É o banquete eucarístico. O sacerdote, preparando-se para receber o corpo e o sangue de Cristo, faz uma oração em silêncio; assim também devem fazer os fiéis. Depois, o sacerdote mostra à assembleia o pão eucarístico e convida para o banquete de Cristo. Comungar, comer e beber juntos da ceia eucarística é participar da Páscoa de Jesus. É tornar-se um só com Ele em sua entrega, em sua Morte e Ressurreição. É receber a força renovadora do seu Espírito, comprometendo-se a repartir seu pão com os necessitados e a dedicar sua vida para que haja um mundo sem fome, sem exclusão, uma sociedade justa, fraterna e feliz. Terminada a comunhão, o sacerdote e a assembleia fazem, em silêncio, uma oração expressando o diálogo pessoal e comunitário com o mistério do Senhor.

Oração pós-comunhão: o rito da comunhão é concluído com a oração depois da comunhão, feita por quem preside. Nessa oração, o sacerdote implora os frutos do mistério celebrado. Por meio dessa oração, se estabelece a relação entre a Celebração da Eucaristia e a Eucaristia da vida, a ser realizada no dia a dia, no compromisso da missão.

5. RITOS FINAIS

A conclusão da Celebração Eucarística se dá com os ritos finais: reunidos, celebramos o memorial do mistério pascal, que nos torna um corpo comunitário, ressuscitado e todo ministerial (de servidores). Unidos a Cristo, somos enviados em missão para sermos no mundo portadores e agentes da boa-nova do amor, da solidariedade, da justiça, da paz, da transformação pascal da vida e da história, aliança entre todos os povos e culturas. Nos ritos finais, os elementos são:

Avisos: é o momento das comunicações, avisos da organização da comunidade, encontros, reuniões, festas, ações comunitárias, tudo que seja importante para que todos fiquem por dentro.

Bênção final: a bênção em nome da Trindade expressa que a celebração se prolonga na vida cotidiana, em todas as suas dimensões: pessoal, familiar, social e política. Somos abençoados para sermos uma bênção, uma boa notícia para todos.

Envio/Despedida: "Ide em paz...", palavras finais de despedida, expressam que a graça do Senhor nos acompanha dia a dia e nos ajuda a realizar, com a nossa vida, um culto agradável ao Senhor. A assembleia exclama "graças a Deus!", expressando gratidão, pois o Senhor nos acompanha com sua graça na missão que nos confiou.

Beijo no altar: o sacerdote e o diácono beijam o altar após o envio e, depois, com os outros ministros, fazem reverência profunda ao altar.

Ser comunidade do Senhor é graça da Eucaristia, cujo sentido não se esgota na ação celebrativa, mas se prolonga nas labutas diárias, até a realização do Reino de Deus. Terminada a Celebração Eucarística, somos chamados a assumirmos o compromisso com a vida e a vida em abundância. Dessa forma, podemos dizer que também existe a mesa da caridade, na qual a comunidade, tendo vivenciado o mistério da Páscoa de Jesus, está disposta a viver o que celebramos, indo ao encontro dos mais necessitados e sendo Eucaristia viva por onde passamos, com quem convivemos e nos encontramos.

A liturgia é primordialmente fonte de toda a vida cristã (LG, n. 11), fonte da santificação dos homens e da glorificação de Deus (SC, n. 10). Quanto mais a conhecemos, nos envolvemos e experimentamos, mais podemos vivê-la e testemunhá-la.

5

AS PRINCIPAIS ORAÇÕES DO CRISTÃO

Sinal da Cruz

Em nome do Pai e do Filho e do Espírito Santo. Amém.

Persignação

Pelo sinal da Santa Cruz †, livrai-nos, Deus, nosso Senhor, † dos nossos inimigos †.

Oferecimento do dia

Adoro-vos, meu Deus, amo-vos de todo o meu coração. Agradeço-vos porque me criastes, me fizestes cristão, me conservastes a vida e a saúde. Ofereço-vos o meu dia: que todas as minhas ações correspondam à vossa vontade. E que eu faça tudo para a vossa glória e a paz dos homens. Livrai-me do pecado, do perigo e de todo o mal. Que a vossa graça, bênção, luz e presença permaneçam sempre comigo e com todos aqueles que eu amo. Amém.

Pai-nosso

Pai nosso, que estais nos céus, santificado seja o vosso nome, venha a nós o vosso Reino, seja feita a vossa vontade, assim na terra como no céu. O pão nosso de cada dia nos dai hoje, perdoai-nos as nossas ofensas, assim como nós perdoamos a quem nos tem ofendido, e não nos deixeis cair em tentação, mas livrai-nos do mal. Amém.

Ave-Maria

Ave Maria, cheia de graça, o Senhor é convosco. Bendita sois vós entre as mulheres, e bendito é o fruto do vosso ventre, Jesus. Santa Maria, Mãe de Deus, rogai por nós, pecadores, agora e na hora de nossa morte. Amém.

Glória ao Pai

Glória ao Pai e ao Filho e ao Espírito Santo.
Como era no princípio, agora e sempre. Amém.

Salve Rainha

Salve, Rainha, mãe de misericórdia, vida, doçura, esperança nossa, salve! A vós bradamos, os degredados filhos de Eva. A vós suspiramos, gemendo e chorando neste vale de lágrimas. Eia, pois, advogada nossa, esses vossos olhos misericordiosos a nós volvei! E depois deste desterro, mostrai-nos Jesus, bendito fruto do vosso ventre. Ó clemente, ó piedosa, ó doce sempre virgem Maria!
℣. Rogai por nós, Santa Mãe de Deus!
℟. Para que sejamos dignos das promessas de Cristo.

Ângelus (Saudação à Nossa Senhora para o tempo comum)

℣. O Anjo do Senhor anunciou a Maria.
℟. E ela concebeu do Espírito Santo.
℣ Eis aqui a serva do Senhor.
℟. Faça-se em mim segundo a vossa Palavra.
℣. E o Verbo divino se fez carne.
℟. E habitou entre nós.
Ave, Maria...
℣ Rogai por nós, Santa Mãe de Deus.
℟. Para que sejamos dignos das promessas de Cristo.
Oremos. Infundi, Senhor, em nossos corações a vossa graça, a fim de que, conhecendo pela anunciação do Anjo, a encarnação de Jesus Cristo, vosso Filho, cheguemos pela sua paixão e morte à glória da ressurreição. Pelo mesmo Cristo, nosso Senhor. Amém.
Glória ao Pai e ao Filho e ao Espírito Santo...

Rainha do Céu (Saudação à Nossa Senhora para o Tempo Pascal, em lugar do Ângelus)

℣. Rainha do céu, alegrai-vos. Aleluia.
℟. Porque aquele que merecestes trazer em vosso puríssimo seio. Aleluia.
℣. Ressuscitou como disse. Aleluia.
℟. Rogai por nós a Deus. Aleluia.
℣. Exultai e alegrai-vos, ó Virgem Maria. Aleluia.
℟. Pois o Senhor ressuscitou verdadeiramente. Aleluia.
Oremos. Ó Deus, que vos dignastes alegrar o mundo com a ressurreição do vosso Filho, nosso Senhor Jesus Cristo, concedei-nos, vo-lo suplicamos, a graça de alcançarmos pela proteção da Virgem Maria, sua Mãe, a glória da vida eterna. Pelo mesmo Cristo, nosso Senhor. Amém.

Creio

Creio em Deus Pai todo-poderoso, Criador do céu e da terra, e em Jesus Cristo, seu único Filho, nosso Senhor, que foi concebido pelo poder do Espírito Santo; nasceu da Virgem Maria, padeceu sob Pôncio Pilatos, foi crucificado, morto e sepultado; desceu à mansão dos mortos, ressuscitou ao terceiro dia; subiu aos céus, está sentado à direita de Deus Pai todo-poderoso, de onde há de vir a julgar os vivos e os mortos. Creio no Espírito Santo, na santa Igreja Católica, na comunhão dos santos, na remissão dos pecados, na ressurreição da carne, na vida eterna. Amém.

Oração ao Anjo da guarda

Santo Anjo do Senhor, meu zeloso guardador, se a ti me confiou a Piedade divina, sempre me rege, guarda, governa e ilumina. Amém.

Ato de contrição

Meu Deus, eu me arrependo de todo o coração de vos ter ofendido, porque sois tão bom e amável. Prometo, com a vossa graça, nunca mais pecar. Meu Jesus, Misericórdia!

Ato de contrição (2)

Senhor, eu me arrependo sinceramente de todo mal que pratiquei e do bem que deixei de fazer. Pecando, eu vos ofendi, meu Deus, e sumo bem, digno de ser amado sobre todas as coisas. Prometo firmemente, ajudado com a vossa graça, fazer penitência e fugir às ocasiões de pecar. Senhor, tende piedade de mim, pelos méritos da Paixão, Morte e Ressurreição de Jesus Cristo, nosso Salvador. Amém.

Oração pela família

Pai, que nos protegeis e que nos destes a vida para participarmos de vossa felicidade, agradecemos o amparo que os pais nos deram desde o nascimento. Hoje queremos vos pedir pelas famílias, para que vivam a união e na alegria cristã. Protegei nossos lares do mal e dos perigos que ameaçam a sua unidade. Pedimos que o amor não desapareça nunca e que os princípios do Evangelho sejam a norma de vida. Pedimos pelos lares em dificuldades, em desunião e em perigo de sucumbir, para que, lembrados do compromisso assumido na fé, encontrem o caminho do perdão, da alegria e da doação. A exemplo de São José, Maria Santíssima e Jesus, sejam nossas famílias uma pequena Igreja, onde se viva o amor. Amém.

Oração de São Francisco de Assis

Senhor, fazei-me instrumento de vossa paz.
Onde houver ódio, que eu leve o amor;
Onde houver ofensa, que eu leve o perdão;
Onde houver discórdia, que eu leve a união;
Onde houver dúvida, que eu leve a fé;
Onde houver erros, que eu leve a verdade;
Onde houver desespero, que eu leve a esperança;
Onde houver tristeza, que eu leve a alegria;
Onde houver trevas, que eu leve a luz!
Ó Mestre,
Fazei que eu procure mais:
consolar, que ser consolado;
compreender, que ser compreendido;
amar, que ser amado.
Pois é dando que se recebe,
é perdoando que se é perdoado,
e é morrendo que se vive para a vida eterna!
Amém.

Oração de consagração a Maria

Ó Senhora minha, ó minha Mãe, eu me ofereço todo a vós e, em prova da minha devoção para convosco, eu vos consagro, neste dia, e para sempre, os meus olhos, meu ouvidos, minha boca, meu coração e, inteiramente, todo o meu ser: e por que assim sou vosso(a), ó incomparável Mãe, guardai-me, defendei- -me como filho(a) e propriedade vossa. Amém.

Magnificat (Cântico de Nossa Senhora)

A minha alma glorifica ao Senhor
e o meu espírito se alegra em Deus, meu Salvador.
Porque pôs os olhos na humildade da sua serva:
de hoje em diante, me chamarão bem-aventurada todas as gerações.
O todo-poderoso fez em mim maravilhas:
Santo é o seu nome.
A sua misericórdia se estende de geração em geração
sobre aqueles que o temem.
Manifestou o poder do seu braço
e dispersou os soberbos.
Derrubou os poderosos de seus tronos
e exaltou os humildes.
Aos famintos encheu de bens,

e aos ricos despediu de mãos vazias.
Acolheu a Israel, seu servo,
lembrado da sua misericórdia,
Como tinha prometido a nossos pais,
a Abraão e à sua descendência para sempre.
Glória ao Pai e ao Filho e ao Espírito Santo.
Como era no princípio, agora e sempre. Amém.

Cântico de Zacarias (da Liturgia das Horas)

Bendito seja o Senhor Deus de Israel,
porque a seu povo visitou e libertou;
e fez surgir um poderoso Salvador
na casa de Davi, seu servidor,
como falara pela boca de seus santos,
os profetas desde os tempos mais antigos,
para salvar-nos do poder dos inimigos
e da mão de todos quantos nos odeiam.
Assim mostrou misericórdia a nossos pais,
recordando a sua santa Aliança
e o juramento a Abraão, o nosso pai,
de conceder-nos que, libertos do inimigo,
a Ele nós sirvamos sem temor
em santidade e em justiça diante dele,
enquanto perdurarem nossos dias.
Serás profeta do Altíssimo, ó menino,
pois irás andando à frente do Senhor
para aplainar e preparar os seus caminhos,
anunciando ao seu povo a salvação,
que está na remissão de seus pecados;
pela bondade e compaixão de nosso Deus,
que sobre nós fará brilhar o Sol nascente,
para iluminar a quantos jazem entre as trevas
e na sombra da morte estão sentados
e para dirigir os nossos passos,
guiando-os no caminho da paz.
Glória ao Pai e ao Filho e ao Espírito Santo.
Como era no princípio, agora e sempre. Amém.

Invocação ao Espírito Santo

℣. Vinde, Espírito Santo, enchei os corações dos vossos fiéis e acendei neles o fogo do vosso amor.
℟. Enviai, Senhor, o vosso Espírito,
e tudo será criado, e renovareis a face da terra.
Oremos. Deus, que instruístes os corações dos vossos fiéis com a luz do Espírito Santo, fazei que apreciemos retamente todas as coisas, segundo o mesmo Espírito, e gozemos sempre de sua consolação. Por Cristo, Senhor nosso. Amém.

6

O QUE É IMPORTANTE VOCÊ CONHECER

Os mandamentos da Lei de Deus

1. Amar a Deus sobre todas as coisas.
2. Não tomar seu santo nome em vão.
3. Guardar domingos e festas.
4. Honrar pai e mãe.
5. Não matar.
6. Não pecar contra a castidade.
7. Não furtar.
8. Não levantar falso testemunho.
9. Não desejar a mulher do próximo.
10. Não cobiçar as coisas alheias.

Os sete Pecados Capitais

1. Soberba
2. Avareza
3. Inveja
4. Ira
5. Luxúria
6. Gula
7. Preguiça

Os mandamentos da Igreja

1. Participar da missa nos domingos e festas de guarda.
2. Confessar-se ao menos uma vez ao ano.
3. Comungar ao menos pela Páscoa da Ressurreição.
4. Jejuar e abster-se de carne, conforme manda a Igreja.
5. Contribuir com o dízimo.

Os Sacramentos

1. Batismo
2. Crisma ou Confirmação
3. Eucaristia
4. Penitência ou Reconciliação
5. Ordem ou Sacerdócio
6. Matrimônio
7. Unção dos enfermos

Virtudes Teologais

1. Fé
2. Esperança
3. Caridade

Virtudes Capitais

1. Humildade
2. Generosidade
3. Caridade
4. Paciência
5. Castidade
6. Temperança
7. Diligência

As obras de misericórdia corporais

1. Dar de comer a quem tem fome.
2. Dar de beber a quem tem sede.
3. Vestir os nus.
4. Dar pousada aos peregrinos.
5. Assistir aos enfermos.
6. Visitar os presos.
7. Enterrar os mortos.

As obras de misericórdia espirituais

1. Dar bom conselho.
2. Ensinar os ignorantes.
3. Corrigir os que erram.
4. Consolar os aflitos.
5. Perdoar as injúrias.
6. Sofrer com paciência as fraquezas do nosso próximo.
7. Rogar a Deus por vivos e defuntos.

REFERÊNCIAS

BATTISTINI, F. *A Igreja do Deus vivo*: curso bíblico popular sobre a verdadeira Igreja. 36. ed. Petrópolis: Vozes, 1991.

BENTO XVI. Angelus. 04 de setembro de 2011. Disponível em: https://www.vatican.va/content/benedict-xvi/pt/angelus/2011/documents/hf_ben-xvi_ang_20110904.html Acesso em: 12 maio 2023.

BENTO XVI. *Exortação Apóstólica pós-sinodal Sacramentum Caritatis*: sobre a Eucaristia fonte e ápice da vida e da missão da Igreja. São Paulo: Paulinas, 2007.

BÍBLIA. Bíblia do Peregrino. São Paulo: Paulus, 2006.

BÍBLIA. Nova Bíblia Pastoral. São Paulo: Paulus, 2014.

BÍBLIA SAGRADA. Edição Pastoral. São Paulo: Paulus, 1990.

BÍBLIA SAGRADA. Tradução oficial da CNBB. Brasília: Edições CNBB, 2019.

BRUSTOLIN, L. *A mesa do pão*: Iniciação à Eucaristia: Catequista. São Paulo: Paulinas, 2009.

CELAM – Conselho Episcopal Latino-Americano. *Documento de Aparecida*: texto conclusivo da V Conferência Geral do Episcopado Latino-Americano e do Caribe. São Paulo: Paulinas, 2007.

CELAM – Conselho Episcopal Latino-Americano. *Documento de Puebla*. São Paulo: Edições Loyola, 1979.

CNBB – Conferência Nacional dos Bispos do Brasil. *Catecismo da Igreja Católica*. Edição típica vaticana. São Paulo: Loyola, 2000.

CNBB – Conferência Nacional dos Bispos do Brasil. *Cristãos leigos e leigas na Igreja e na sociedad*e. Brasília: Edições CNBB, 2019 (Documentos da CNBB n. 105).

CNBB – Conferência Nacional dos Bispos do Brasil. *Dízimo na comunidade de fé*: orientações e propostas. Brasília: Edições CNBB, 2016 (Documentos da CNBB n. 106).

CNBB – Conferência Nacional dos Bispos do Brasil. *Comunidades de comunidades*: uma nova paróquia – a conversão pastoral da paróquia. Brasília: Edições CNBB, 2014 (Documentos da CNBB n. 100).

CNBB – Conferência Nacional dos Bispos do Brasil. *Exigências evangélicas e éticas de superação da miséria e da fome*. São Paulo: Paulinas, 2002 (Documentos da CNBB n. 69).

CNBB – Conferência Nacional dos Bispos do Brasil. *Animação da vida litúrgica no Brasil*. Brasília: Edições CNBB, 1998 (Documentos da CNBB n. 43).

CNBB – Conferência Nacional dos Bispos do Brasil. Ele está no meio de nós! O semeador do Reino. Evangelho de Mateus. São Paulo: Paulus, 1998.

CNBB – Conferência Nacional dos Bispos do Brasil. *Hoje a salvação entra nesta casa*. O Evangelho de Lucas. 2. ed. São Paulo: Paulinas, 1997.

COMPÊNDIO DO VATICANO II. *Constituição dogmática Lumen Gentium*. Petrópolis: Vozes, 1976.

CONCÍLIO VATICANO II. *Constituição dogmática Lumen Gentium*: sobre a Igreja. São Paulo: Paulinas, 2011.

CONCÍLIO VATICANO II. *Decreto Presbyterorum Ordinis*: sobre o ministério e a vida dos sacerdotes. Disponível em: https://www.vatican.va/archive/hist_councils/ii_vatican_council/documents/vat-ii_decree_19651207_ad-gentes_po.html. Acesso em: 10 abr. 2023.

CONCÍLIO VATICANO II. *Constituição Dogmática Dei Verbum*: sobre a revelação divina. Disponível em: https://www.vatican.va/archive/hist_councils/ii_vatican_council/documents/vat-ii_const_19651118_deiverbum_po.html. Acesso em: 10 abr. 2023.

CONCÍLIO VATICANO II. *Decreto Ad Gentes*: sobre a atividade missionária da Igreja. Disponível em: https://https://www.vatican.va/archive/hist_councils/ii_vatican_council/documents/vat-ii_decree_19651207_ad-gentes_po.html. Acesso em: 13 abr. 2023.

CONGREGAÇÃO PARA A DOUTRINA DA FÉ. *Carta Placuit Deo aos bispos da Igreja católica sobre alguns aspectos da salvação cristã*. 2018. Disponível em: https://www.vatican.va/roman_curia/congregations/cfaith/documents/rc_con_cfaith_doc_20180222_placuit-deo_po.html.Acesso em: 6 abr. 2023.

CONGREGAÇÃO PARA O CLERO. *Diretório Geral para a catequese*. São Paulo: Paulinas, 1998.

CRISPIM, C. Romanos 6 – O homem velho foi crucificado com Cristo. 26 de maio de 2012. Disponível em: https://estudobiblico.org/romanos-6-o-homem-velho-foi-crucificado-com-cristo/ Acesso em: 12 abr. 2023.

FRANCISCO. Ângelus. 15 de junho de 2014. Disponível em: https://www.vatican.va/content/francesco/pt/angelus/2014/documents/papa-francesco_angelus_20140615.html. Acesso em: 10 abr. 2023.

FRANCISCO. Ângelus. 3 de novembro de 2019. Disponível em: https://www.vatican.va/content/francesco/pt/angelus/2019/documents/papa-francesco_angelus_20191103.html. Acesso em 12 abr. 2023.

FRANCISCO. Audiência geral. 7 de dezembro de 2016. Disponível em: https://www.vatican.va/content/francesco/pt/audiences/2016/documents/papa-francesco_20160907_udienza-generale.html. Acesso em: 12 abr. 2023.

FRANCISCO. Carta encíclica Fratelli Tutti: sobre a fraternidade e a amizade social. 2020. Disponível em: https://www.vatican.va/content/francesco/pt/encyclicals/documents/papa-francesco_20201003_enciclica-fratelli-tutti.html. Acesso em: 12 abr. 2023.

FRANCISCO. Celebração do domingo de Ramos e da Paixão do Senhor: homilia do Papa Francisco – XXX Jornada Mundial da Juventude: Domingo, 29 de março de 2015. Disponível em: https://www.vatican.va/content/francesco/pt/homilies/2015/documents/papa-francesco_20150329_omelia-palme.html. Acesso em: 10 abr. 2023.

FRANCISCO. É preciso coragem para fazer crescer o Reino de Deus. 31 de outubro de 2017. Disponível em: https://www.vaticannews.va/pt/papa-francisco/missa-santa-marta/2017-10/papa-e-preciso-coragem-para-fazer-crescer-o-reino-de-deus.html. Acesso em: 10 abr. 2023.

FRANCISCO. *Exortação apostólica Evangelli Gaudium*: a alegria do Evangelho. São Paulo: Paulus, 2019.

FRANCISCO. *Meditações matutinas na Santa Missa celebrada na capela da casa Santa Marta*: o reino escondido. 16 de novembro de 2017. Disponível em: https://www.vatican.va/content/francesco/pt/cotidie/2017/

documents/papa-francesco-cotidie_20171116_o-reino-escondido.html. Acesso em: 12 abr. 2023.

HUGHES, T. Reconheceram Jesus quando ele repartiu o pão (Lc 24,13-35). Disponível em: https://cebi.org.br/reflexao-do-evangelho/reconheceram-jesus-quando-ele-repartiu-o-pao-lc-24-13-35-thomas-hughes-svd/. Acesso em: 12 abr. 2023.

JOÃO PAULO II. *A misericórdia divina*: Carta encíclica Dives In Misericordia. 9. ed. São Paulo: Paulus, 2005.

JOÃO PAULO II. *Carta apostólica Novo Millennio Ineunte*: ao episcopado, ao clero e aos fiéis – no termo do grande jubileu do ano 2000. Disponível em: https://www.vatican.va/content/john-paul-ii/pt/apost_letters/2001/documents/hf_jp-ii_apl_20010106_novo-millennio-ineunte.html. Acesso em: 12 abr. 2023.

JOÃO PAULO II. *Exortação apostólica Redemptoris Custos*: sobre a figura e a missão de São José na vida de Cristo e da Igreja (1989). Disponível em: https://www.vatican.va/content/john-paul-ii/pt/apost_exhortations/documents/hf_jp-ii_exh_15081989_redemptoris-custos.html. Acesso em: 12 abr. 2023

LIMA, J. *Unidade*: a missão conciliadora da Igreja. Curitiba: Ad Santos, 2007.

MESTERS, C.; LOPES, M.; OROFINO, F. *Meditação do Evangelho*: Jesus é o bom pastor. CEBI, 16 de abril de 2018. Disponível em: https://cebi.org.br/noticias/jesus-e-o-bom-pastor/. Acesso em: 12 abr. 2023.

MESTERS, C.; LOPES, M.; OROFINO, F. *Raio-x da Vida*. São Leopoldo: CEBI, 2000.

NUCAP - Núcleo de Catequese Paulinas. *Iniciação à Vida Cristã: Eucaristia*: livro do catequista. 8. ed. São Paulo: Paulinas, 2013.

PAGOLA, J. Caminho aberto por Jesus: Marcos. Petrópolis: Vozes, 2013.

PAGOLA, J. Jesus: aproximação histórica. Petrópolis: Vozes, 2010.

PAULO VI. *Exortação apostólica Evangelli Nuntiandi*: sobre a evangelização no mundo contemporâneo. São Paulo: Paulinas, 1976.

PROVÍNCIA MARISTA. *Fraternidade, a essência da vida cristã*. 3 de novembro de 2020. Disponível em: https://marista.org.br/blog/fraternidade-a-essencia-da-vida-crista/. Acesso em: 12 abr. 2023.

SAGRADA CONGREGAÇÃO PARA O CULTO DIVINO. *Missal cotidiano da assembleia cristã*. 4. ed. São Paulo: Paulus, 1997.

SANTA TERESINHA DO MENINO JESUS. *Novíssima Verba*: as últimas palavras de Santa Teresa do Menino Jesus. Londres: Burns, Oates & Washbourne, 1897.

STORNIOLO, I. *Como ler o Evangelho de Mateus*. O caminho da Justiça. São Paulo: Paulus, 1991.

TATTO, A. *Dízimo ministério da partilha*. 5. ed. São Paulo: O Recado, 2004.

Conecte-se conosco:

 facebook.com/editoravozes

 @editoravozes

 @editora_vozes

 youtube.com/editoravozes

 +55 24 2233-9033

www.vozes.com.br

Conheça nossas lojas:

www.livrariavozes.com.br

Belo Horizonte – Brasília – Campinas – Cuiabá – Curitiba
Fortaleza – Juiz de Fora – Petrópolis – Recife – São Paulo

Vozes de Bolso

EDITORA VOZES LTDA.
Rua Frei Luís, 100 – Centro – Cep 25689-900 – Petrópolis, RJ
Tel.: (24) 2233-9000 – E-mail: vendas@vozes.com.br